Richard Bird
Ideen für kleine Gärten

MOEWIG

Ideen für kleine
Gärten

**Auf begrenztem Raum ein
grünes Paradies gestalten**

Richard Bird

INHALT

Die Originalausgabe erschien 2002 unter dem Titel „Small Garden Solutions" by Hamlyn Octopus, an imprint of Octopus Publishing Group Ltd 2–4 Heron Quays, Docklands, London E14 4JP
© 2000 Octopus Publishing Group Ltd
All rights reserved
© für die deutschsprachige Ausgabe 2003 by Pabel-Moewig Verlag KG, Rastatt
www.MOEWIG.de
Alle Rechte vorbehalten

Umschlagmotive:
Renee Lynn/Getty Images, München;
Silvestris Bildarchiv, Kastl
Übersetzung aus dem Englischen:
Wiebke Krabbe
Redaktion und Satz der deutschen Ausgabe: Lesezeichen Verlagsdienste
Printed in China
ISBN 3-8118-1795-7

EINLEITUNG

PLANEN   VERWIRKLICHEN   GENIESSEN

Ab wann gilt ein Garten als *klein*? Das kommt ganz darauf an. Man kann einen kleinen Garten auf dem Hausdach und einen winzigen auf dem Balkon schaffen. Andererseits kann man ein riesiges Grundstück auch in mehrere kleine Gärten aufteilen, die jeweils einen eigenen Charakter haben. Heutige Gärten haben etwa 100 m² Fläche oder gar weniger. Einfamilienhäuser, die vor 40 bis 50 Jahren gebaut wurden, hatten noch wesentlich größere Gärten mit 30 und mehr Metern Seitenlänge. Dieses Buch präsentiert Vorschläge für alle diese Gärten. Man kann die Ideen dem verfügbaren Platz anpassen, wobei die Anzahl der Lösungen für die verschiedenen Bereiche variiert. Ein langer, schmaler Garten bietet Platz für mehrere voneinander abgeschirmte Elemente. In einem wirklich kleinen Garten wird man sich auf ein oder zwei Ideen beschränken müssen.

Die Gestaltung oder Umgestaltung eines Grundstücks ist in drei Phasen unterteilt, von denen jede ihren Reiz hat. Die erste Phase ist die Planung. Dabei entscheiden Sie, was Sie grundsätzlich wollen und wie Sie es verwirklichen möchten. In der zweiten Phase werden die Pläne umgesetzt. Der dritte und für die meisten Menschen wichtigste Aspekt ist der Genuss, den Garten dann zu nutzen.

Auf welche Art Sie den Garten genießen, liegt ganz in Ihrer Hand – dabei brauchen Sie keine Hilfe. Unterstützen können wir Sie bei den beiden ersten Schritten, die die Basis für diesen Genuss bilden und eine Umgebung entstehen lassen, in der die Freude ganz von selbst aufkommt. Wir möchten Sie mit diesem Buch auf Ideen bringen – Ideen darüber, welche Möglichkeiten Ihr Garten bietet und wie man ihn gemäß Ihrem Geschmack und Lebensstil anlegt. Praxisnahe Ratschläge zeigen auf, wie sich diese Ideen umsetzen lassen.

Viele Menschen, die einen Garten planen, wissen zunächst nicht, wo sie anfangen sollen. Entscheiden Sie zuerst, was Sie von Ihrem Garten erwarten. Machen Sie eine Liste all der Elemente, die er bieten soll. Vielleicht sind das ausschließlich Pflanzen, weil Sie mit Leidenschaft gärtnern. Vielleicht hätten Sie aber auch gern eine Spielfläche mit Rasen für die Kinder, Beete mit Schnittblumen für den Esstisch, ein Eckchen für Gemüse oder einen Grill, an dem man mit Freunden zusammensitzen kann. Oder wünschen Sie sich eigentlich nur einen ruhigen, friedlichen Ort, an den Sie sich an Wochenenden und warmen Sommerabenden zurückziehen und entspannen können? Notieren Sie zunächst alles, was Ihnen wichtig ist. Nichts ist abwegig, und für fast jeden Wunsch gibt es eine Lösung.

Es kann passieren, dass Ihre Liste zu lang für die Grundstücksfläche oder das Budget ist oder das Endprodukt zu viel Zeit in Anspruch nimmt. Deshalb müssen Sie Ihre Wunschliste mit den Faktoren Platz, Zeit und Kosten in Einklang bringen. Manches muss vielleicht wieder gestrichen werden. Ein Swimmingpool kann so ein Wunsch sein, der aus Platz- oder Geldgründen nicht zu erfüllen ist. Andere Dinge schließen sich auch bei bester Planung gegenseitig aus. Ball spielende Kinder und große Schnittblumenbeete vertragen sich ebenso wenig wie Fußbälle und Gewächshäuser. Aber denken Sie noch einmal nach; mit einem Sichtschutz oder einem Spalier vor dem Gewächshaus könnte es vielleicht doch Lösungsmöglichkeiten geben.

Denken Sie auch an die Zukunft. Die Kinder bleiben schließlich nicht ewig klein. Pflanzen Sie schon einmal einen Baum neben das kleine Fußballfeld. Wenn der Nachwuchs sich später mit anderen Dingen beschäftigt, wird der Baum schon groß genug sein, um eine kleine Sitzgruppe oder zumindest eine Bank zu beschatten. Wo heute eine Sandkiste steht, könnte morgen ein kleiner Teich entstehen. Eine Sandkiste sollte übrigens immer so angelegt werden, dass man die Kinder von der Terrasse oder vom Küchenfenster aus im Blick hat. Beide Elemente brauchen einen ähnlichen Standort, wenn auch aus unterschiedlichen Gründen, und mit etwas Überlegung ist sogar die gleiche Grundkonstruktion zu verwenden.

Erst wenn Sie Ihre Wunschliste auf ein realistisches Maß zusammengestrichen haben, zeichnen Sie einen Plan. Probieren Sie verschiedene Ideen aus, bis Sie die optimale Lösung gefunden haben. Möglicherweise lassen sich sogar mehr Ideen realisieren, als Sie ursprünglich gedacht hatten. Vielleicht entdecken Sie noch eine Ecke für den Grill, den Sie schon von der Liste gestrichen hatten. Eventuell müssen Sie, um ihn optimal zu platzieren, am Ende auf einen Schuppen oder ein Beet verzichten. Versuchen Sie, sich den geplanten Garten vorzustellen. Zwängen Sie nicht zu viel hinein. Was auf einer Zeichnung noch realisierbar scheint, kann den Garten hinterher doch überfüllt wirken lassen.

Wenn Sie sich genau überlegt haben, wie der Garten gestaltet werden soll, können Sie beginnen, Ihre Pläne umzusetzen. Vielleicht möchten Sie jemanden damit beauftragen. Das kostet Geld, und Sie müssen Ihre Wünsche sehr klar formulieren. Der Vorteil ist, dass Sie sich Arbeit sparen und die Umgestaltung schnell abgeschlossen ist. Es macht aber auch großen Spaß, die Arbeit selbst durchzuführen. Das senkt nicht nur die Kosten, Sie können außerdem während der Gestaltung Einzelheiten ändern und haben bereits Freude an Ihrem langsam Gestalt annehmenden Entwurf.

Auf der folgenden Seiten finden Sie viele Ideen zur Umgestaltung Ihres Gartens. Schauen Sie die Bilder an, lesen Sie den Text, und dann beginnen Sie mit Bleistift und Papier Ihre Planung.

STILFRAGEN

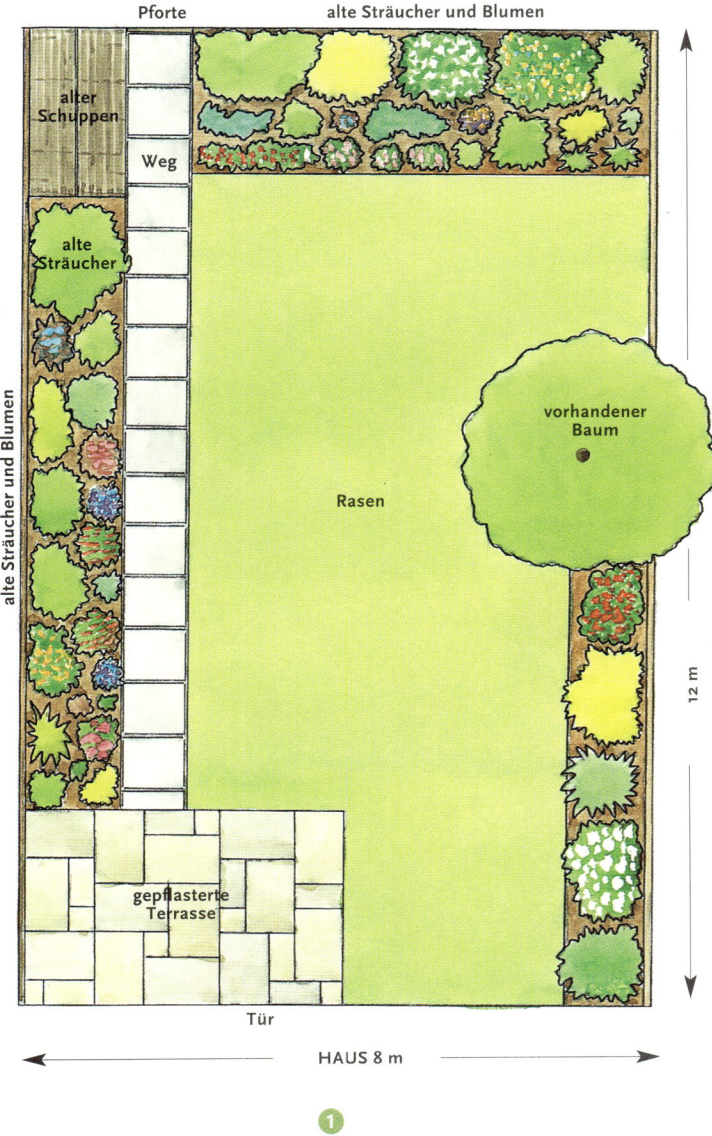

Pforte   alte Sträucher und Blumen

alter Schuppen

Weg

alte Sträucher

alte Sträucher und Blumen

vorhandener Baum

Rasen

12 m

gepflasterte Terrasse

Tür

HAUS 8 m

1

1

Zeichnen Sie einen Plan des bestehenden Gartens (links), dann tragen Sie Ihre Ideen in einer neuen Zeichnung ein (rechts).

2

Zeichnen Sie die Elemente ein und versuchen Sie, sich vorzustellen, wie die verschiedenen Bereiche zusammen wirken.

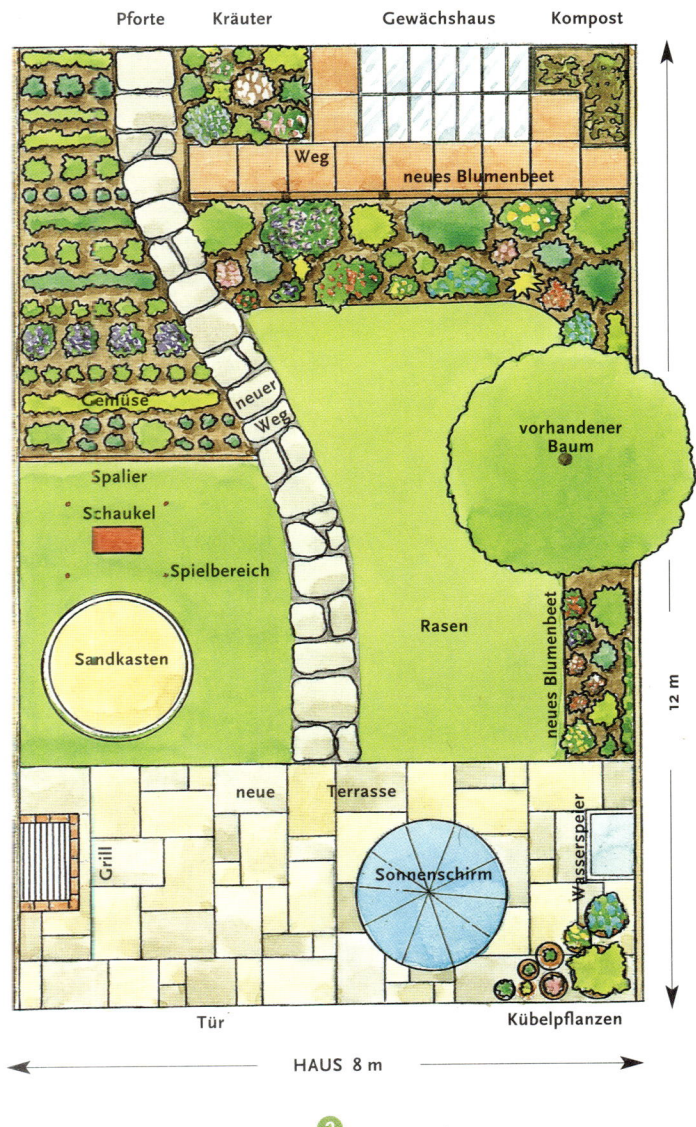

Pforte   Kräuter   Gewächshaus   Kompost

Weg   neues Blumenbeet

Gemüse   neuer Weg

vorhandener Baum

Spalier

Schaukel

Spielbereich

Rasen

Sandkasten

neues Blumenbeet

12 m

Grill   neue   Terrasse

Wasserspeier

Sonnenschirm

Tür   Kübelpflanzen

HAUS 8 m

2

Um einen Gartenstil festzulegen, muss man durchaus kein Landschaftsgärtner sein. Die meisten Menschen gestalten ihre Wohnräume im Haus so, dass sie sich darin wohl fühlen – warum sollte ihnen das nicht auch im Freien gelingen?

Bei der Planung eines Gartens muss man sich zuerst auf einen Stil festlegen. Für jeden Geschmack und Lebensstil gibt es auch einen passenden Gartenstil. Feste Regeln für die Gestaltung gibt es dagegen nicht – erlaubt ist, was gefällt. Wenn Sie einen hektischen, abwechslungsreichen Alltag haben, mag ein informeller, naturnaher Garten genau die richtige Ergänzung sein. Sind Sie aber bei der Arbeit und in der Freizeit eher sachlich-förmlich und haben Sie gern alles ordentlich und übersichtlich, werden Ihnen die klaren Linien und Strukturen eines formalen Gartens eher entsprechen.

Sie müssen mit Ihrem Garten leben, darum sollten Sie keinesfalls einen Stil wählen, den Sie nicht instand halten können oder der nicht mit Ihrem Lebensstil harmoniert. Kinder und streng formale Gärten passen nicht gut zusammen. Formale Gärten beispielsweise sind zwar auf ähnlichen Grundstrukturen aufgebaut, dennoch unterscheiden sie sich erheblich in Größe, Form, Muster und Farbgebung. Das mag kompliziert klingen, ist es aber keinesfalls. Einige der besten Gärtner haben sich nie theoretisch mit Ästhetik und Design beschäftigt, sondern arbeiten ausschließlich nach Gefühl und Intuition.

DER GARTENPLAN

Im ersten Planungsschritt legen Sie genau fest, was der Garten enthalten soll. Stellen Sie eine Liste der Elemente zusammen. Dann messen Sie den Garten aus und zeichnen einen Grundriss, der vorhandene Elemente und ihre Entfernungen zueinander berücksichtigt. Am besten geht das auf Kästchen- oder Millimeterpapier. Machen Sie einige Kopien dieses Plans, und zeichnen Sie zuerst grob die Lage der einzelnen Bereiche und Elemente ein. Wenn Ihnen das Ergebnis gefällt und alles zusammenpasst, zeichnen Sie den endgültigen Plan mit allen Elementen maßstabsgetreu.

PFLANZEN FÜR SYMMETRIE UND AUSGEWOGENHEIT

Buxus sempervirens (Buchsbaum)
Cordyline australis (Keulenlilie)
Juniperus scopulorum 'Skyrocket' (Wacholder)
Laurus nobilis (Lorbeer)
Lavandula angustifolia (Lavendel)
Miscanthus sinensis (Chinaschilf)
Rosa (Rosen-Hochstämmchen)
Santolina pinnata subsp. neapolitana (Heiligenkraut)
Taxus baccata (Eibe)
Yucca gloriosa (Yucca)

DER FORMALE GARTEN

Viele Menschen haben ihr Leben gern unter Kontrolle; in Haus und Garten wird das durch eine formale Gestaltung deutlich. Die klaren, nahezu strengen Linien solcher Anlagen sind aber nicht nur ein Symbol der Kontrolle, sie strahlen auch eine reizvolle Eleganz aus.

Das Geheimnis formaler Gärten ist die Schlichtheit. Alles Verspielte, Unruhige wird entfernt, Zurückhaltung ist das Motto. Die Formen sind grundsätzlich schlicht, sie bestehen aus geraden Linien und regelmäßigen Rundungen. Statt Blumenbeete mit kurviger Kontur findet man hier Vierecke, Kreise oder Ovale. Dreiecke und Sterne werden vermieden, sofern sie nicht Bestandteil eines umfassenden Konzepts sind, weil sich die spitzen Ecken solcher geometrischen Elemente schlecht bepflanzen lassen.

Typisch für formale Gärten ist auch Symmetrie. Die Muster sind regelmäßig, die Bepflanzung auf den beiden Seiten eines Beetes ist optisch ausgewogen. In regelmäßigen Abständen gepflanzte Bäume oder Sträucher sowie Kübel, an einem Weg oder rings um ein Beet aufgestellt, geben formalen Gärten Rhythmus.

Natürlich muss nicht alles streng ausbalanciert sein. Oft bietet sich eine Solitärpflanze oder ein Kübel als Blickfang an. Gut sieht es aus, wenn beispielsweise eine Grasfläche mit einem interessant gepflasterten Weg die Symmetrie durchbricht und an einer Seite des Gartens liegt, statt genau in der Mitte.

DER AUFBAU

Wege mit Kies oder regelmäßigem Pflaster bilden das Grundraster. Verschiedene Elemente und Beete, möglichst mit gradlinigen Konturen, füllen diese aus. Hierhin passen keine naturnahen Teiche, sondern klassische Wasserbecken, oft aus Beton und mit einem kleinen Springbrunnen ausgestattet. Beliebt sind auch Kübel mit einzelnen Pflanzen, etwa gestutzten Bäumen oder Sträuchern in Formschnitt. Weitere Pflanzen finden in einem formalen Parterre oder Knotengarten Platz, eingerahmt von niedrigen, sauber geschnittenen Buchsbaumhecken. Man kann die Flächen innerhalb der Hecken auch frei lassen oder mit hellem Kies füllen.

Die Bepflanzung bleibt dezent und schlicht. Hübsch sind einzelne Kübelpflanzen, die gut sichtbar aufgestellt werden. Schränken Sie das Farbspektrum ein, und meiden Sie Pflanzen, die viel Pflege verlangen. Bäume und Sträucher sind in formalen Gärten so beliebt, weil ihr attraktives grünes Laub sich durch regelmäßigen Schnitt gut unter Kontrolle halten lässt.

KREISE AUF DEN BODEN ZEICHNEN

Rammen Sie einen Pflock in die Mitte des geplanten Kreises. Knoten Sie eine Schnur daran, und binden Sie auf Radiuslänge einen spitzen Stock daran. Halten Sie die Schnur gespannt, gehen Sie im Kreis, und zeichnen Sie den Umriss mit dem spitzen Stock – wie mit einem Zirkel – vor. Ist der Boden hart, füllen Sie eine Flasche mit Sand und verwenden diese statt des Stocks. Gehen Sie bei gespannter Schnur im Kreis, und lassen Sie Sand herausrieseln, um die Kontur zu markieren. Dann den Kreis ausheben.

1

Ein kreisförmiges Beet wird mit einem spitzen Stock vorgezeichnet, der an einem mittigen Pflock befestigt ist.

2

Die Grasnarbe im Kreis abtragen, dann den Boden umgraben und reichlich Kompost einarbeiten.

❶

❷

BEHAGLICH UND ZWANGLOS

STAUDEN

Alchemilla mollis (Frauenmantel)
Aster x frikartii (Aster)
Bistorta affinis (Teppichknöterich)
Centranthus ruber (Rote Spornblume)
Geranium macorrhizum (Storchschnabel)
Geranium pratense (Wiesenstorchschnabel)
Helleborus orientalis (Lenzrose)
Leucanthemum x superbum
   (Bergmargerite)
Penstemon (Bartfaden)

STRÄUCHER UND BÄUME

Cotoneaster microphyllus (Zwergmispel)
Helianthemum nummularium
   (Sonnenröschen)
Hypericum x inodorum 'Elstead'
   (Johanniskraut)
Potentilla fruticosa (Fingerkraut)
Pyrus salicifolia 'Pendula' (Birne)
Rosa (Strauch-, Floribunda- und
   Teehybriden)
Salvia officinalis (Salbei)
Sorbus hupehensis (Hupeh-Eberesche)
Spiraea 'Arguta' (Braut-Spierstrauch)
Thymus serpyllum (Kriechthymian)

BEHAGLICH
UND ZWANGLOS

Viele Gärtner werfen zwar neidvolle Blicke auf die ordentlichen, formalen Gärten, fühlen sich selbst aber in einem urwüchsigen Garten wohler. Dort darf man auch einmal einen Fußball liegen lassen oder die Gießkanne vergessen, ohne dass es unordentlich wirkt, und auch ein paar Unkräuter kann man ohne Gewissensbisse übersehen.

Diese behagliche Zwanglosigkeit geht zurück auf die Bauerngärten, in denen Gemüse und Blumen munter gemischt wurden. Die Pflanzen wurden nicht nach einem durchkomponierten Plan angeordnet, sondern gepflanzt, wo gerade eine Lücke war. Farben wurden heiter gemixt, ohne Sorge um das Gesamtergebnis – und das war dann auch kunterbunt. Leuchtende Farben, vor allem von Einjährigen, dominieren oft in solchen Gärten. Es spricht aber nichts dagegen, ausschließlich sanftere Töne zu verwenden. Diesen Gartenstil gibt es noch immer, und er hat seine Vorzüge. Man muss sich nicht den Kopf zerbrechen, welche Pflanze wo stehen soll, sondern kombiniert einfach drauflos und erhält so jedes Jahr eine neue Mischung der verschiedensten Gewächse.

Nun liegt solche Anarchie nicht jedem Gärtner. Viele Menschen möchten ein bisschen Kontrolle ausüben, ohne gleich mit brachialer Gewalt einen formalen Garten zu gestalten. Man könnte die Farben in den Beeten zu harmonischen Gruppen zusammenfassen oder Beete in Einzelfarben gestalten: Weiß oder Pastelltöne schaffen eine friedliche Szenerie, Rot oder andere warme Farben können Aufsehen erregen. Pflanzt und sät man nicht wahllos, sondern überlegt, kann das Ergebnis entspannte Ordnung ausstrahlen. Blühende Pflanzen müssen nicht unbedingt dominieren, auch Blattgewächse, etwa üppige Sträucher, können die Basis eines weitgehend naturbelassenen Gartens bilden.

Selbst bei einem informellen Stil kann jedes Detail bis zum kleinsten Grashalm sorgfältig geplant sein – doch so gehen die wenigsten Gärtner vor. Normalerweise wird viel flexibler geplant und gestaltet. Es ist beispielsweise einfacher, Pflanzen zu integrieren, die schon im Garten vorhanden sind. Man muss nicht alles ausgraben und bei Null beginnen, sondern kann Bäume, Sträucher, Rasenflächen und Wege in die neue Planung einbeziehen.

MUTIG MISCHEN

In einem zwanglosen, natürlich anmutenden Garten lassen sich verschiedene Aktivitäten leicht kombinieren. So ein Garten wirkt angenehm bewohnt, er ist vor allem zum Benutzen da – weniger zum Vorzeigen. Da findet man einen Grill oder einen Spielbereich in schöner Eintracht mit Beeten; Gemüse können mit Blumen kombiniert und müssen nicht in separate Beete verbannt werden. Zwar wirkt so eine Anlage auf den ersten Blick ganz locker, doch tatsächlich ist zuvor eine gründliche Planung nötig, damit die Elemente am Ende nicht wie wahllos zusammengewürfelt wirken.

Ein zwangloser Garten ist ideal für kleine Kinder. Ein Gewirr aus Sträuchern bietet herrliche Verstecke, Blümchen dürfen auch schon mal gepflückt werden. Man kann noch so oft schimpfen, Kinder lassen immer etwas herumliegen oder schießen mit Bällen Schneisen in die Schnittblumenbeete. Wird in einem Garten Ball gespielt, sind Beete mit geraden Rändern meist günstiger als kurvige Konturen. Ein manikürter Rasen verträgt keine aktiven Kinder. Am praktischsten ist eine robuste Grassorte, die zwar weniger elegant aussieht, aber das Betreten und Befahren besser verkraftet.

FORMEN FÜR BEETE UND TERRASSEN

Die Form von Beeten und Terrassen können Sie, ebenso wie den Verlauf der Wege, nach Lust und Laune gestalten. Manche Formen sind ästhetischer als andere, aber wenn die plumpe Terrassenform dem verfügbaren Platz angemessen und praktisch zu benutzen ist – warum nicht? Generell sehen gerundete Beete besser aus als geradlinige, man sollte aber enge Kurven und sonderbare Winkel vermeiden, weil sie sich schlecht bepflanzen und mähen lassen.

Zum „Anzeichnen" der Konturen von Beeten und Terrasse im Garten verwenden Sie am besten einen Gartenschlauch. Man kann auch eine Rolle Schnur nehmen, den Schlauch sieht man jedoch besser. Das ist wichtig, wenn man zurücktritt, um das Gesamtbild auf sich wirken zu lassen.

GRÄSER – GANZ MODERN

Calamagrostis 'Karl Förster' (Reitgras)
Festuca glauca (Blauschwingel)
Helictotrichon sempervirens
  (Wiesenhafer)
Imperata cylindrica 'Rubra'
Melica ciliata (Perlgras)
Milium effusum 'Aureum' (Wald-
  Flattergras)
Miscanthus sinensis 'Morning Light'
  (Chinaschilf)
Miscanthus sinensis 'Strictus'
Molinia caerulea subsp. *arundinacea*
  'Transparent' (Pfeifengras)
Pennisetum villosum (Federborstengras)

MODERNER LOOK

Immer mehr Menschen legen Wert auf wechselnde Trends und Moden, nicht nur bei der Wohnungseinrichtung, sonder auch bei der Gartengestaltung. Zwar ist eine Gartenanlage von Natur aus ein langfristiges Projekt, weil ja alles erst wachsen muss, dennoch sind moderne Gestaltungen durchaus realisierbar.

Seit jeher gibt es Gärten, die der aktuellsten Mode entsprechen. Früher engagierte man einen Fachmann, der gerade *en vogue* war, um die Anlage zu gestalten. Die heute aktuellen Stile werden zwar noch immer von professionellen Designern geprägt, doch findet man in Zeitschriften viele Ideen, die man ohne Hilfe nachempfinden kann. Beim Blättern in Garten- oder Einrichtungszeitschriften – vor allem den trendbewussten – findet man viele Anregungen, die sich gemäß dem persönlichen Bedarf und Geschmack abwandeln lassen.

MATERIALIEN

In einem modernen Garten spielen die Materialien – vor allem der Pflanzkübel – eine wichtige Rolle. Vor einigen Jahren war ein „erdiger" Stil, der ganz auf Terrakotta baute, groß in Mode. Dann wurden die Kübel phantasievoll angemalt. Danach setzten sich andere Materialien durch: Kübel, Eimer und Gießkannen aus Zink. Der aktuelle Trend geht zum glänzenden Edelstahl.

All diese Materialien kamen und gingen mit den Moden, doch es gibt keinen Grund, sie nicht auch weiterhin zu verwenden, wenn sie Ihnen gefallen – und wenn es Ihnen nichts ausmacht, von den Nachbarn für altmodisch gehalten zu werden. Terrakotta beispielsweise hat zwar seine Hoch-Zeit hinter sich, ist aber ein zeitloses Gartenmaterial, sodass es für viele Gärtner nie aus der Mode kommt.

MODISCHE PFLANZEN

Mit den Pflanzen verhält es sich wie mit den Materialien: Einige sind modischer als andere. In den letzten Jahren ist das Interesse an Gräsern wieder erwacht, die sich für kleine Gärten ideal eignen, weil man sie so vielseitig einsetzen kann. Sie können elegant und chic aussehen oder zerzaust und ungebändigt. Man kann sie als Solitärpflanze oder als Dickicht pflanzen. Das gleiche gilt für Bambus.

Auch leuchtend bunte Pflanzen, vor allem Exoten wie *Canna* (Blumenrohr), kommen in Mode, und selbst intensiv bunte Einjährige erleben eine Renaissance.

TRENDGERECHT PFLANZEN

Auch Design und Stil der Pflanzung kann Moden unterworfen sein. In früheren Jahrhunderten liebte man komplizierte Beetanlagen mit Mustern aus zahlreichen, speziell dafür herangezogenen Pflanzen. Zurzeit dagegen liegen natürliche Pflanzungen mehr im Trend. Das bedeutet, dass Arten kombiniert werden, die auch in der Natur Nachbarn sind oder sein könnten. Auf diese Weise wird ihr natürlicher Lebensraum nachgebildet. Es gibt eine Reihe von Gräsern und farbenfroheren Pflanzen, die man beispielsweise nebeneinander auf einer Wildwiese oder am Straßenrand finden würde. Zweifellos wird es bald schon wieder einen Gegentrend geben, der abermals an die vergessene Kunst der formalen Beetanlage erinnert.

KUNST

Ebenso ist es modern, den Garten als Wohnraum im Freien zu gestalten. Große Flächen werden mit Natursteinen oder Ziegeln gepflastert, für optische Abwechslung sorgen hier die verschiedensten Objekte – anstelle von Pflanzen, die viel Pflege und Zeit verlangen. Kletterpflanzen an Mauern und Zäunen werden durch Mosaiken oder Trompe-l'Œil ersetzt. Statt Sträuchern und Bäumen wählt man Skulpturen oder interessante Fundstücke. Die Rasenpflege entfällt, wenn das Gras durch Pflasterung ersetzt wird. Diese Veränderungen wirken sich nicht nur auf das Aussehen des Gartens aus, sondern auch auf seine Pflege: Sie findet kaum mehr statt.

Der Garten wird auf seine Struktur reduziert und als minimalistischer, pflegeleichter Raum gestaltet. Das ist der richtige Garten für alle, die nur wenig Zeit oder Lust zur Gartenarbeit haben.

**PFLANZEN
FÜR SAMMLER**

Chrysanthemum
 (Chrysantheme)
Dahlia (Dahlie)
Delphinium (Rittersporn)
Dianthus (Nelke)
Fuchsia (Fuchsie)
Hosta (Funkie)
Iris (Schwertlilie)
Lathyrus odoratus (Duftwicke)
Primula (Primel)
Rosa (Rose)

DER GARTEN FÜR PFLANZENLIEBHABER

Zwar wünschen sich immer mehr Menschen einen pflegeleichten Garten mit unkomplizierten Pflanzen, doch es gibt auch viele, die gar keinen pflegeleichten Garten wollen, weil sie die Gartenarbeit nämlich lieben. Wer aus Leidenschaft gärtnert, wird jeden Krümel Erde für Pflanzen nutzen wollen und auf gepflasterte Flächen verzichten.

Es ist überraschend, wie viele Pflanzen in einem kleinen Garten Platz finden. Begeisterte Gärtner machen sich gern Gedanken über ihre Pflanzen, sind der Natur gerne nahe – selbst auf begrenztem Raum –, und sie arbeiten gern an der frischen Luft. Natürlich haben sie auch Freude an den Ergebnissen ihrer Arbeit, nämlich einem Garten voll attraktiver Pflanzen. Falls sie auch einen Nutzgarten haben, können sie auch noch frisches, knackiges Gemüse und saftige Früchte ernten. Natürlich macht so eine Anlage mehr Arbeit als ein moderner Garten, der vorwiegend aus gepflasterten Flächen besteht, aber hier geht es ja vor allem um den Spaß an der Kultur der vielen Pflanzen.

Die Auswahl der Arten und Sorten wird ständig größer. Man kann sich im kleinen Garten spezialisieren, indem man beispielsweise nur alpine Pflanzen oder ausschließlich Stauden hält oder sich auf bestimmte Pflanzenarten wie Rosen, Dahlien oder Fritillarien beschränkt. In gängigen Gartencentern wird man nur eine begrenzte Auswahl finden, doch es gibt viele Spezialgärtnereien, die ihre Pflanzen auch im Versandhandel anbieten.

Eine Reihe von Pflanzengesellschaften widmet sich jeweils einer bestimmten Pflanzengruppe, und oft gibt es dort die Möglichkeit, nicht nur Informationen zu erhalten, sondern auch Samen oder Stecklinge seltener Arten zu erwerben oder unter den Mitgliedern auszutauschen. Die Spezialisierung kann faszinierend sein, und ein kleiner Garten ist gerade richtig für eine schöne Sammlung.

GESTALTEN MIT PFLANZEN

Nur wenige Gärtner, die sich mit ihren Pflanzen viel Mühe geben, setzen sie wahllos irgendwo in ein Beet. Vielmehr gestalten sie gern ein schönes Gartenambiente. Das ist möglich, indem man Pflanzen kauft oder heranzieht und sie dann an einen geeigneten Platz in der Anlage setzt. Es ist aber dennoch reizvoll und sehr lohnend, sich einige Gedanken über das Gesamtbild des Gartens zu machen. Da geht es um so grundlegende Fragen wie Blütezeit und -farbe, Höhe, Ausbreitung und Kontur der Pflanze. Skurrile Effekte können ab und an originell sein, doch die meisten Gärtner bevorzugen eine klassische, harmonische Gestaltung.

FARBIG DENKEN

Einer der wichtigsten Aspekte bei der Gartengestaltung ist die Farbe. Manche Farben harmonieren einfach besser miteinander als andere. Manche Farben können sich „beißen" – solche Kombinationen sollte man vermeiden oder nur sparsam und sehr bewusst einsetzen. Violett/Orange oder Pink/Rot sind Beispiele für unglückliche Kombinationen. Andere Kontraste dagegen sind so intensiv, dass man sie als Akzent einsetzen kann. Ein leuchtendes Gelb in einem blauen Beet ist ebenso ein Blickfang wie Feuerrot vor einem Hintergrund in ruhigem Grün. Pastelltöne beispielsweise schaffen eine friedliche, luftige Atmosphäre. Leuchtende Farben dagegen sind spektakulärer, sie ziehen den Blick auf sich.

GRÖSSE UND KONTUR

Ein Beet mit Pflanzen gleicher Größe wirkt recht langweilig. Interessanter ist es, wenn verschiedene Höhen miteinander kombiniert werden. In einem klassisch aufgebauten Beet oder einer Rabatte werden die Pflanzen in „Etagen" angeordnet: die höchsten hinten, die niedrigsten vorn. So ein Aufbau ist allerdings recht eintönig und konventionell und könnte einfach aufgelockert werden, indem man einige hohe Pflanzen vorzieht und kleinere hinten wachsen lässt. Auch mit der Formenvielfalt von Pflanzen lässt sich spielen. Manche kriechen flach über den Boden, andere stehen aufrecht wie Säulen, einige bilden rundliche Kugeln, und wieder andere erinnern an Fontänen. All diese Varianten kann man nutzen, um einen Garten abwechslungsreich zu gestalten.

SILBRIGES LAUB

Artemisia 'Powis Castle' (Beifuß)
Cerastium tomentosum (Hornkraut)
Convolvulus cneorum (Winde)
Cynara cardunculus (Wildartischocke)
Eryngium giganteum (Riesen-Mannstreu)
Hebe pinguifolia 'Pagei' (Strauchveronika)
Lavandula angustifolia (Lavendel)
Pyrus salicifolia 'Pendula' (Birne)
Santolina pinnata subsp. *neapolitana*
 (Heiligenkraut)
Stachys byzantina (Ziest)

GOLDENES LAUB

Acer shirasawanum 'Aureum' (Zierahorn)
Fuchsia 'Golden Treasure' (Fuchsie)
Hedera helix 'Buttercup' (Efeu)
Hosta 'Sum and Substance' (Funkie)
Humulus lupulus 'Aureus' (Hopfen)
Lonicera nitida 'Baggesen's Gold'
 (Immergrüne Strauch-Heckenkirsche)
Lysimachia nummularia 'Aurea'
 (Pfennigkraut)
Milium effusum 'Aureum'
 (Wald-Flattergras)
Origanum vulgare 'Aureum' (Oregano)

BLÄTTER-GARTEN

Wenn man von Gärten spricht, denken die meisten zuerst an Blühpflanzen. Deren Pflege kostet aber viel Zeit, warum also nicht Effekte
durch Blätter schaffen? Ein Garten mit wenigen oder gar keinen
Blumen muss nicht langweilig sein. Blattwerk kann sogar ausgesprochen interessant wirken. Laub ist fast immer grün, doch wenn
man Blattpflanzen nebeneinander setzt und genauer hinsieht, entdeckt man bald eine Vielzahl von Schattierungen. Zu den Farbnuan-
cen kommen noch die Texturen. Glänzende Blätter beispielsweise
reflektieren Licht und beleben dunkle Ecken. Samtige Blätter laden
zum Berühren ein. Und dann gibt es noch die Fülle von Wuchsformen:
hoher, raschelnder Bambus, niedrige Moospolster, rundliche
Funkien-Horste, Fontänen der Keulenlilie, Rasenwege, Eibenhecken –
die Zahl der Variationsmöglichkeiten ist schier endlos.

Blattpflanzen verlangen generell weniger Pflege als Blüten-
pflanzen. Man braucht beispielsweise keine welken Blüten zu entfernen. Bäume und Sträucher sind wiederum pflegeleichter als krautige
Pflanzen wie etwa Funkien. Natürlich sind nicht alle Blattpflanzen so
unkompliziert, eine jedoch ist ideal für den pflegeleichten Garten.

PFLEGELEICHTER GEHT ES KAUM

Viele Menschen wünschen sich einen pflegeleichten Garten, möchten
aber keine gepflasterte Fläche. Die nächstbeste Lösung ist Efeu
(Hedera helix) – ein perfekter Bodendecker. Mit einem dichten Teppich aus Blättern an kriechenden Trieben überwuchert er den Boden
und alles, was ihm im Weg steht. Er gedeiht im Schatten wie in der
Sonne und eignet sich besonders für Grundstücke, die durch angrenzende Häuser oder Bäume beschattet werden.

Legen Sie zuerst einige Niveauunterschiede auf dem Terrain an,
einen Erdwall und einen flachen Graben. Platzieren Sie einige Objekte, etwa Baumstümpfe oder sogar niedrige Zäune. Und dann pflanzen
sie so viel Efeu, wie Sie mögen, der die gesamte Fläche überwächst.
Aus Stecklingen kann man Hunderte von Pflanzen preiswert heranzie-
hen. Der Efeu begrünt die ganze Fläche mit allen Dellen und Erhöhun-
gen und bildet einen dekorativen, dicken Teppich. Für Abwechslung

sorgen panaschierte Sorten an gut sichtbaren oder auffälligen Stellen.
Das Ergebnis ist ein wirklich spektakulärer, individueller und vor allem
pflegeleichter Garten, den Sie lediglich alljährlich im Frühling einmal
stutzen müssen.

NICHT NUR GRÜN

Blätter sind beileibe nicht immer grün. Es gibt Pflanzen mit dunklen,
rauchig-violetten Blättern und andere mit bläulichem Laub. Einige
Pflanzer haben goldgrün schimmernde Blätter, außerdem gibt es
viele panaschierte Arten. Es ist nicht empfehlenswert, sich auf eine
dieser Gruppen zu beschränken. Zu viele violette oder bläuliche
Pflanzer wirken leicht langweilig und zugleich schwer oder überladen.
Ein Übermaß an panaschierten Sorten dagegen macht eine Anpflan-
zung unruhig und bietet dem Auge keinen Ruhepol. Als Kontrast oder
gelegentliche Abwechslung zu einfarbig grünen Blättern sind Pflanzen
mit panaschiertem oder farbigem Laub aber sehr reizvoll.

Unter den Pflanzen mit nicht-grünem Laub stellen die panaschierten die größte Gruppe. Aus der Ferne mögen sie einander ähnlich sehen, doch bei genauerem Hinschauen werden die enormen
Unterschiede erkennbar. Es gibt viele Farbspielarten von Gelb über
Creme und Silber bis zu Rot, Violett und Braun, die sich attraktiv vom
grünen Grundton abheben. Auch die Form der farbigen Zeichnung
kann in der Größe und Regelmäßigkeit variieren, ebenso wie die
Position – mal am Rand, mal in der Mitte, mal unregelmäßig verteilt.

EXOTISCHE OPTIK

Bougainvillea glabra (Bougainvillea)
Canna indica (Blumenrohr)
Solenostemon scutellarioides (Buntnessel)
Hibiscus rosa-sinensis (Hibiscus)
Impatiens walleriana (Fleißiges Lieschen)
Ipomoea purpurea (Prunkwinde)
Monstera deliciosa (Fensterblatt)
Musa basjoo (Japanische Banane)
Nerium oleander (Oleander)
Passiflora caerulea (Passionsblume)

GROSSSTADT-DSCHUNGEL

Ein kleines Grundstück bietet sich für einen exotischen Dschungelgarten an – ein aufregender Ort, umgeben von Blattgrün und leuchtenden Blüten, mit einer ins Dickicht geschlagenen Lichtung zum Sitzen. Das Gesamtbild besteht aus üppig wucherndem Grün, belebt durch gelegentliche Tupfer intensiver Farben. Für besondere Anlässe kann man noch exotische Zimmerpflanzen in den Garten stellen.

Tropische Pflanzen sind zu empfindlich, um in unseren Klimazonen im Freien zu gedeihen. Es gibt aber viele winterharte Arten mit verblüffend exotischer Ausstrahlung, die sich für solch einen Dschungel anbieten. Das Geheimnis besteht darin, viele üppig wachsende Arten zu wählen, sodass die Fläche überfüllt wirkt. Großblättrige Arten wie Bananen (*Musa*) und dicht wachsende Pflanzen wie Bambus sind hier ideal. Bestimmte Blüten in leuchtenden Farben schaffen die passende Tropenstimmung.

Wählen Sie vor allem leuchtende Farben wie Rot und Orange, die sich von dem grünen Hintergrund gut abheben. Blumenrohr (*Canna*), das herrliches „Dschungel"-Laub besitzt, ist ideal für einen wilden Garten. Man kann sie ins Beet oder in einen Kübel pflanzen. Ebenso geeignet sind viele Lilien. Der zarte Zylinderputzer (*Callistemon*) ist keine tropische Pflanze, passt aber perfekt ins Bild. Engelstrompeten (*Datura* und *Brugmansia*) haben sanfter gefärbte, dafür aber um so größere Blüten. Neben den empfindlicheren Arten eignen sich auch Kamelien sehr gut, deren intensiv gefärbte Blüten sich vor dem glänzenden, dunklen Laub gut abheben. Selbst bescheidene Fleißige Lieschen (*Impatiens*) – vor allem die dunkellaubigen Sorten – passen ausgezeichnet in einen üppigen Dschungelgarten.

Kletterpflanzen sind immer günstig, um die Vertikale zu betonen, wo kein Platz für einen Baum ist. Obendrein sind sie praktisch, um unattraktive Grenzen und Mauern benachbarter Häuser zu verdecken. Besonders wild wirken Arten, die in fülligen Bögen herabhängen. Zarte Clematisblüten eignen sich für diesen Stil nicht so gut, einige Jasminarten kann man dagegen für Bögen und Lauben verwenden. Auch großblättriger Efeu und Rostrote Rebe (*Vitis coignetiae*) tragen zur Atmosphäre bei. Passionsblumen (*Passiflora*) lohnen sich wegen ihres üppigen Laubs und der exotischen Blüten.

ROBUSTE EXOTEN

Das Gerüst eines solchen Gartens sollten robuste Pflanzen bilden, die ganzjährig im Freien bleiben können. Als Ergänzung eignen sich exotischere, aber empfindliche Pflanzen, die man im Gewächshaus oder Wintergarten überwintert. Großblättrige Pflanzen wie Rhabarber (*Rheum*), Rodgersien, Phormium und Hosta passen gut, ebenso viele der größeren Farnarten. Ideal ist Bambus, weil er nicht nur ein wildes Dickicht bildet, sondern bei leichtem Wind auch angenehm raschelt. Gut geeignet sind ferner höhere Gräser wie Chinaschilf oder Pfahlrohr (*Arundo donax*). Es kommt vor allem darauf an, dass Sie üppig belaubte Pflanzen wählen.

ZARTE EXOTEN

Es gibt eine große Zahl exotischer Pflanzen, die sich zur Sommerszeit im Freien wohl fühlen, im Winter aber ins Haus, in den Wintergarten oder ein geheiztes Gewächshaus geräumt werden müssen. Gute Beispiele sind Bananen und Gummibäume (*Ficus elastica*). Hibiscus, vor allem die rot blühenden Sorten, eignen sich ebenso für den Dschungelgarten wie Schönmalve (*Abutilon*).

Viele Zimmerpflanzen genießen an warmen Sommertagen einen „Urlaub" im Garten, außerdem unterstützen sie das exotische Flair. Besonders geeignet sind Arten mit farbigen Blättern wie die Buntnessel oder Bromelien mit ihren leuchtend roten und gelben Blättern. Die eigentümlichen Blüten der Flamingoblume (*Anthurium*), die feurigen Brakteen der Guzmanie oder das bunte Laub des Croton sind ebenfalls eine Bereicherung. Diese Pflanzen kann man den ganzen Sommer über ins Freie stellen oder nur für einen besonderen Anlass herausholen. Vor den ersten Herbstfrösten müssen sie unbedingt wieder ins Haus umziehen.

Wenn Sie mehrere Pflanzen in Töpfen gleicher Größe aufstellen, variieren Sie die Höhen durch Sockel aus einem oder zwei losen Mauersteinen. Für höhere Sockel sollten die Steine allerdings mit Zement fixiert werden.

FÜR DEN JAPAN-GARTEN

Acer palmatum (Zierahorn)
Bambus
Dendranthema hortorum
  (Gartenchrysantheme)
Iris ensata (Schwertlilie)
Juniperus communis (Wacholder)
Moose
Paeonia suffruticosa (Pfingstrose)
Pinus sylvestris (Kiefer)
Prunus mume (Japanische Zierkirsche)
Wisteria sinensis (Blauregen)

JAPANISCHER STIL

Reisen in ferne Länder und die dort gewonnenen Eindrücke haben all unsere Lebensbereiche beeinflusst – auch den Garten. Von allen Ländern hat vermutlich Japan den größten Einfluss auf das europäische Gartendesign ausgeübt. Die Schlichtheit und Ruhe der asiatischen Gärten ist im Westen vielfach kopiert und abgewandelt worden, oft mit großem Erfolg.

Das Wesen japanischer Gärten beruht auf ihrer Schlichtheit, mit der eine meditative Stimmung erzeugt wird. In unserer heutigen hektischen Welt bietet jeder Garten einen Rückzugsort vor dem Druck und der Hektik des Alltags, doch keiner so ausgeprägt wie der japanische. Ein Aspekt der Schlichtheit ist der sparsame Einsatz von Materialien und Pflanzen, ein zweiter Aspekt die Art, wie der verfügbare Platz genutzt wird. Früher hatte jedes Element solcher Gärten symbolische Bedeutung, und in gewisser Weise gilt das noch immer. Heute tritt dieser Symbolismus aber häufig in den Hintergrund oder ist den Gärtnern nicht mehr bekannt.

Die Natur als Gesamtkunstwerk steht in der japanischen Gartengestaltung im Vordergrund. Vor allem die natürliche Landschaft mit Bergen, Seen und Wäldern dient als Vorbild. Während wir im Westen die Natur im Kleinen kopieren, ist das japanische Design suggestiv. Wo wir Europäer ein Alpinum anlegen, stellen die Japaner große Findlinge als Berge auf, während Flächen mit geharktem Kies Wasser symbolisieren. Akkurat beschnittene Sträucher stehen für Findlinge, während kleine, sorgfältig gestutzte Bäume zu Wolken werden. Moosflächen sehen aus wie Wiesen. In japanischen Gärten findet man, ebenso wie in der Natur, kaum eine gerade Linie.

WASSER

Bachläufe und Wasserfälle sind Landschaftselemente, die in kaum einem japanischen Garten fehlen. Meist sind es Nachbildungen von natürlichen, brausenden Gebirgsbächen. Wasser findet man aber auch in kleinen Becken und Schalen, und es tröpfelt leise durch künstliche Leitungen, die aus gespaltenen Bambusrohren bestehen können. Es gibt raffinierte Systeme aus Rohren, die sich füllen, dann

kippen und ein weiteres Rohr füllen. Trotzdem bleibt alles ganz schlicht. Das Wasser ist still oder fließt träge dahin, kein Springbrunnen stört die Ruhe. Neben „echtem" Wasser gehört auch symbolisches Wasser zu einem japanischen Garten. Eine Fläche mit geharktem Kies beispielsweise steht für strudelndes Wasser, ein darin platzierter rundlicher Stein wird zur Insel. Oft schlängelt sich auch ein Streifen Moos zwischen Felsbrocken hindurch und deutet einen Bachlauf an.

BLÜTEN

Obwohl man in japanischen Gärten auch Blüten findet, spielen sie niemals eine so dominante Rolle wie in westlichen Gärten. Ebenso wie Gräser und andere Pflanzen werden sie nur vereinzelt eingesetzt. Typische Blühpflanzen sind Chrysanthemen, Iris, Lilien, Päonien sowie Rhododendren und Azaleen. Der Schwerpunkt liegt eindeutig auf Bäumen und Sträuchern, die vor allem im Randbereich des Gartens einen Hintergrund bilden und im Sinne des Konzepts der „geborgten Landschaft" den Garten mit seiner Umgebung verschmelzen lassen. Bäume werden sehr geschätzt, wenn sie alt werden. Kiefern, Wacholder und Ahorn sind spezielle Favoriten für den japanischen Stil.

DEKORATIONEN

Einzelne dekorative Elemente findet man ebenfalls, darunter die bekannten japanischen Laternen. Diese Stein- oder Metall-Laternen erinnern oft an winzige Gebäude (Tempel) und werden sehr bewusst platziert, um Bereiche am Wasser oder am Weg zu beleuchten. Häufig stehen sie nahe am Wasser, damit das Licht sich spiegeln kann. Die Wege bestehen aus Kies oder Stein. Auch einzelne Trittsteine (aus Stein oder Baumstammscheiben) sind beliebt. Brücken führen über echte oder angedeutete Wasserläufe. In größeren Gärten findet man manchmal auch einen Pavillon oder ein Teehaus mit einem überdachten Sitzplatz, von dem aus man den Garten betrachten kann.

GARTENGRENZEN

Blumenkästen mit Einjährigen können den Blick von einer unansehnlichen Mauer ablenken oder eine triste Wand schmücken. Hängeampeln erzielen ähnliche Effekte.

In einem kleinen Garten sind die Grenzen immer fast greifbar nahe, darum spielen sie eine wichtigere Rolle als bei großen Grundstücken. Weil sie jedem gleich ins Auge fallen, muss man sie entweder zum Hintergrund machen oder geschickt zum positiven, dekorativen Element umfunktionieren.

Früher waren Mauern, Zäune und andere Begrenzungen dazu da, das eigene Vieh beisammen und das der Nachbarn fern zu halten. Natürlich steckten sie auch das eigene Territorium ab. Heute zeigen die Grundstücksgrenzen die Größe des Grundstücks an, erschweren Fremden den Zutritt und halten Kinder und Haustiere auf dem Grundstück. Und es gibt noch weitere Funktionen. Weil Sicherheit und Privatsphäre in unserer Zeit wichtiger geworden sind, verwehren hohe Hecken und Mauern unerwünschte Einblicke. Außerdem halten sie Straßengeräusche und Gerüche fern. Für Grundstücksgrenzen kann man Zäune und Spaliere verwenden, schöner ist jedoch eine undurchdringliche Pflanzenwand, eventuell aus Dornensträuchern.

GUT VERKLEIDET

Grenzmauern sind oft hässlich und fallen unangenehm ins Auge. Sie lassen sich aber in aller Regel verkleiden. Eine einfache Lösung bieten Kletterpflanzen, vor allem immergrüne Arten wie Efeu. Wem das zu eintönig aussieht, der kann die Fläche durch blühende Pflanzen wie Geißblatt und Clematis auflockern, die sich ihren Weg durch den Efeu bahnen und zu verschiedenen Jahreszeiten blühen. Eine zweite Möglichkeit wäre, die Mauer anzustreichen. Mit einem grünen Anstrich rückt sie optisch in den Hintergrund, man könnte aber auch mit leuchtenden Farben eine Art Bühnenbild inszenieren.

EINEN BLICKFANG SCHAFFEN

In einem kleinen Garten sollte man keinen Quadratzentimeter verschenken. Es wäre darum schade, Mauern und Zäune gar nicht als gestalterische Elemente zu nutzen. Es gibt viele Möglichkeiten, sie zu beleben und zu einem eigenständigen Element zu machen oder sie als Hintergrund zu nutzen. Man könnte ein Trompe-l'Œil auf eine Mauer malen (oder malen lassen), etwa einen Laubengang oder ein Fenster. Das sieht reizvoll aus und lässt den Garten größer wirken, als er eigentlich ist. Ferner lassen sich verschiedene Objekte, Reliefs und Pflanzgefäße daran befestigen. Wie wäre es etwa mit einem leuchtenden Mosaik mit reflektierenden Spiegelfragmenten oder einer Reihe von Holzblumenkästen mit leuchtend roten Pelargonien? Lassen Sie Ihrer Phantasie freien Lauf, und finden Sie Ihren individuellen Stil.

VON GRUND AUF

Manche Gärtner haben nicht das Glück, einen Zaun oder eine Mauer, und sei es eine hässliche, zu besitzen. Sollte das der Fall sein oder ist eine vorhandene Mauer so baufällig, dass sie einzustürzen droht, muss man von Grund auf neu beginnen. Für schnelle Lösungen bieten sich Zäune an, die durchbrochen oder blickdicht sein können. Ziegelmauern sind sehr attraktiv, aber auch teuer. Hecken können eine undurchdringliche Barriere und einen guten Lärmschutz bilden, doch sie brauchen Zeit zum Heranwachsen. Allgemein gilt, dass eine schnell wachsende Pflanze, die ihren Platz bald ausfüllt, später auch häufig geschnitten werden muss, um in Form zu bleiben. Als Alternative bietet sich eine informelle Hecke an. Das ist eine bunt gemischte Reihe von Sträuchern, die nicht regelmäßig geschnitten werden müssen und in ihrer natürlichen Form wachsen dürfen. Sie werden lediglich so dicht nebeneinander gepflanzt, dass sie eine Hecke bilden. Bedenken Sie jedoch, dass eine gemischte Hecke mehr Platz braucht als eine beschnittene – und Platz ist in kleinen Gärten rar.

FARBIGE MAUERN

Für viele klingt es reizvoll und verwun- schen, Mauern oder Zäune im Garten zu haben, doch oft sind sie recht eintönig und haben nur den einen Vorteil, dass man sich gegen die Nachbarn abgrenzt. Mit etwas Phantasie und Farbe kann man sie erheblich verschönern.

Es kann auch praktische Gründe dafür geben, eine Mauer zu streichen. Viele kleine Gärten sind schattig und dunkel – manchmal so dunkel, dass sie finster wirken und Pflanzen schlecht gedeihen. Weiß oder zumindest hell gestrichene Mauern helfen, das wenige einfallende Licht zu reflektieren.

Einen Hintergrund schaffen

In Gärten, in denen die Pflanzen dominieren, dienen Mauern und Zäune meist nur als Hintergrund oder Kletterhilfe. Eine gut gebaute Ziegelmauer kann diesem

Zweck durchaus dienen. Besteht die Mauer aber aus hässlichen Steinen oder Betonblöcken, kann sie von den Pflanzen ablenken. In diesem Fall kann ein dunkelgrüner Anstrich die ideale Lösung sein, weil er hinter dem Blattgrün kaum auffällt. Beliebt sind auch Blaugrün-Töne, die zwar einen leichten Kontrast zu den Pflanzen bilden, aber trotzdem noch gut harmonieren.

Die Landschaft aufwerten

Wenn die Pflanzen im gesamten Garten oder im Bereich der Mauer keine so bedeutende Rolle spielen sollen, kann man die Mauer selbst zu einem dekorativen Element umfunktionieren. Wählen Sie dafür je nach gewünschter Stimmung helle, sanfte oder aber kräftige, leuchtende Farben. Streichen Sie sie einfarbig oder mehrfarbig – vielleicht in Streifen oder Mustern, was allerdings ziemlich gewagt ist. Durch Farbe lassen sich einzelne Bereiche betonen. So könnte eine Mauer überwiegend rot sein, als Hintergund für Blattpflanzen, während eine grüne Wand Kübeln mit roten Geranien einen attraktiven Rahmen gibt.

Gestrichene Flächen im Freien sind Wind und Regen ausgesetzt. Damit sie gut aussehen, ist ab und zu ein Neuanstrich nötig. Bei den meisten Gartenmauern und Zäunen dient der Anstrich oft eher zur Dekoration als zum Schutz, darum ist es nicht tragisch, wenn die Farbe etwas ausbleicht oder abblättert. Man könnte eine Mauer sogar bewusst so gestalten, als sei sie seit Jahren nicht mehr gestrichen worden, und ihr dadurch eine ehrwürdige Patina verleihen.

Pinsel und Rolle

Welche Farbe Sie wählen, hängt vom gewünschten Effekt ab. Für einen langlebigen Anstrich sollten Sie eine spezielle hochwertige Fassadenfarbe wählen, die durch einen Sandanteil wetterfest und robust ist. Diese konventionellen Fassadenfarben werden aber nur in relativ wenigen Farbtönen angeboten. Für dekorative Effekte müssen Sie daher eventuell andere Produkte verwenden. Dispersionsfarben vertragen Wettereinflüsse nicht sonderlich gut, sie sind aber ideal, wenn Sie ein verwittertes Aussehen anstreben. Lackfarben sind wesentlich haltbarer; wenn Sie jedoch Wert auf eine „ordentlich" aussehende Mauer legen, müssen Sie öfter neu streichen.

Wie bei allen Anstricharbeiten muss zuerst der Untergrund fachmännisch vorbereitet werden. Zuerst wird er gründlich gereinigt. Ziegelsteine kann man mit einer Drahtbürste säubern. Nur wer eine perfekte Oberfläche wünscht, muss anschließend Unebenheiten spachteln, und zwar mit einer Spachtelmasse für den Außenbereich, die Witterungseinflüssen widersteht. Ist die Oberfläche staubig oder spröde, sollte sie mit einem Tiefgrund vorgestrichen werden. Dieser verhindert auch, dass das Mauerwerk die Farbe wie ein Schwamm aufsaugt – Sie brauchen folglich weniger Farbe.

Man kann zwar gewöhnliche Haushaltspinsel verwenden, doch mit einem speziellen Pinsel für Mauerwerk wird die Farbe besser in allen Poren und Unebenheiten verteilt. Streichen Sie an einem trockenen, möglichst windstillen Tag, damit kein Staub auf die frische Farbe geweht wird. Dispersionsfarben kann man direkt auf die Mauer auftragen, bei Lackfarben ist ein Vorstrich mit einem Primer nötig, um eine zuverlässige Haftung zu gewährleisten.

KUNTERBUNTES MOSAIK

Mosaiken sehen interessant aus und beleben triste Mauern im Handumdrehen. Sie verlangen etwas Phantasie, gute Planung, geeignetes Material und eine sichere Hand. Wer den Versuch wagt, wird schließlich mit einer einzigartigen Dekoration ihres Gartens belohnt.

Mosaiken gibt es schon seit einigen Jahrtausenden. Ursprünglich verwandte man sie hauptsächlich für Fußböden. Sie bestanden aus Tausenden winziger Tesserae (Einzahl: Tessera), viereckigen Täfelchen aus gebranntem Ton. Wer ein Mosaik im klassischen Stil anfertigen will, kann auch heute noch Tesserae im Bastelfachhandel und im Spezialversand kaufen. Es gibt aber viele andere geeignete Materialien. Zu den besten und preiswertesten gehören Keramikscherben. Aus Bruchstücken von weißer und farbiger Keramik kann man reizvolle, moderne Mosaiken gestalten. Man kann auch Stücke von alten Fliesen verwenden, ebenso farbiges Glas, sogar Scherben von blauen und grünen Flaschen. Selbst dreidimensionale Stücke wie Muscheln und Steine lassen sich integrieren.

Linke Seite: Mosaiken sind eine farbenfrohe Dekoration, deren Gestaltung viel Spaß macht. Dies ist eine besonders eindrucksvolle Komposition.

Mit Licht spielen

Generell kann ein Mosaik auf jeder Fläche angebracht werden. Es sollte aber so platziert und gestaltet werden, dass das Motiv optimal zur Geltung kommt. Einige der schönsten und auffälligsten Mosaiken sieht man in den Mittelmeerländern, wo die Farben sich von einem weißen Hintergrund abheben. Die weiße Umgebung bringt die Farben zum Leuchten. Keramik hat oft eine glänzende Glasur, ein Mosaik aus Keramikscherben reflektiert also das Licht. Von verschiedenen Standpunkten aus wirkt es immer wieder anders, ebenso im Lauf des Tages, wenn sich der Einfallwinkel des Sonnenlichts verändert, weil die einzelnen Scherben in leicht unterschiedlichen Winkeln angesetzt werden. Verwendet man auch Glas- und Spiegelstücke, sind faszinierende Lichtspiele möglich.

Ideensuche

Manche Menschen können Bilder und Mosaiken einfach aus dem Kopf entwerfen. Die meisten brauchen aber etwas Hilfe und Anregung oder gar eine Vorlage. Zuerst muss der Stil des Mosaiks festgelegt werden – beispielsweise klassisch, abstrakt oder figürlich. Vielleicht soll auch ein konkreter Bezug zum Garten oder zu seinen Bewohnern hergestellt werden. Abbildungen klassischer Mosaiken findet man in vielen Büchern und Zeitschriften, es gibt auch zahlreiche Kunst- und Designbände, die Beispiele für andere Stile enthalten.

Abstrakte Mosaiken sind relativ einfach zu gestalten, vor allem, wenn Sie ein geometrisches Muster wählen. Sie könnten aber auch ein freieres Mosaik aus Farbflächen mit weichen Konturen gestalten. Geht es hauptsächlich um einen Farbtupfer, könnten Sie die gesamte Fläche mit unregelmäßigen Stücken in verschiedenen Schattierungen einer Farbe, beispielsweise Grün, bedecken und hier und da Fragmente in Gelb einstreuen. Wer sich unsicher ist, könnte ein Bild oder Foto kopieren, ähnlich wie man eine Kreuzstich-Stickerei entwickelt. Zeichnen Sie ein Raster auf das Originalmotiv und ein entsprechend größeres auf die Wandfläche. Dann übertragen Sie die Konturen mit Kreide in die einzelnen Felder.

Stück für Stück

Die Mauer, auf der das Mosaik entstehen soll, muss solide und möglichst glatt sein – es sei denn, Sie wollen ein dreidimensionales Motiv gestalten, was sehr attraktiv sein kann. In diesem Fall modellieren Sie zunächst den Untergrund. Weil das Mosaik Wind und Wetter ausgesetzt ist, muss es robust sein. Befestigen Sie die Teilchen mit Zement oder Fliesenkleber für den Außenbereich. Auch der Fugenmörtel muss wetterfest sein. Verfugen Sie das Mosaik sehr sorgfältig, damit kein Wasser in Ritzen eindringen kann. Wenn es im Winter gefriert, dehnt es sich aus und sprengt die Teilchen von der Mauer ab.

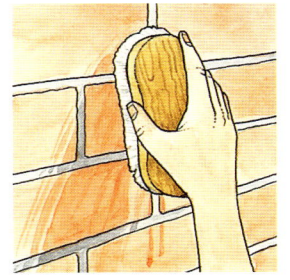

1

Die Mauer gründlich abbürsten, um losen Schmutz zu entfernen. Danach abwaschen oder mit einem Hochdruckreiniger säubern.

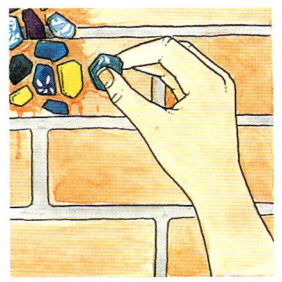

2

Das Motiv auf der Mauer vorzeichnen. Eine kleine Fläche mit Zement oder Fliesenkleber bestreichen und die Teilchen andrücken.

3

Sind alle Teilchen verklebt, mit Fugenmörtel für den Außenbereich verfugen. Den überschüssigen Mörtel entfernen, ehe er ausgehärtet ist.

MOSAIKEN KLEBEN

Zuerst bürstet und wäscht man die Wand gründlich ab, um alles lose Material zu entfernen. Wenn die Wand uneben ist und Sie ein ganz glattes Mosaik wünschen, muss die Fläche eventuell mit Zement verputzt werden. Das Mauerwerk wird mit einer für den Außenbereich geeigneten Grundierung vorgestrichen. Wenn Sie ein Motiv auf Papier entworfen haben, zeichnen Sie die Konturen in passendem Maßstab auf der Mauer vor. Mit einem Fliesenschneider und einer Brechzange lassen sich aus alten Fliesen, Keramik, Glas und Spiegeln Stücke jeder gewünschten Größe vorbereiten. Diese werden mit Fliesenkleber auf der Wandfläche befestigt. Fugenmasse über der ganzen Fläche verstreichen und gründlich in die Fugen drücken. Überschüssige Fugenmasse abwischen, ehe sie aushärtet.

WAND-DEKORATIONEN

Wände im Haus wollen dekoriert sein – Mauern im Garten ebenso. Dafür eignen sich die verschiedensten Gegenstände. Im Gegensatz zu Farbe und vielen Mosaiken können sie dreidimensionale Effekte schaffen und somit durch Licht- und Schattenspiele faszinieren.

Eine Mauer kann zur Ausstellungsfläche für Dekorationen werden: Dinge, die sich im Lauf der Zeit angesammelt haben, aber auch Fundstücke, die Ihnen gefallen oder Erinnerungen wach halten. Es können kurzlebige Dinge sein wie ein toter Ast, aber auch Relikte der Vergangenheit, etwa ein alter eiserner Fahrradrahmen oder das Kopfteil eines Betts. Die Objekte könnten ein gemeinsames Thema haben – beispielsweise eine Sammlung alter Gartengeräte. Das Thema ist eine persönliche Entscheidung, doch generell wirken solche Objekte am besten, wenn sie nicht wie eine gewollte Ausstellung arrangiert sind, sondern eher zufällig – als seien sie vor Jahren zuletzt benutzt und dann einfach dort vergessen worden.

Reliefs und Masken

Bizarre Dekorationen können originell sein, sind aber nicht jedermanns Geschmack. Außerdem sieht man sich an ihnen nach ein paar Jahren satt. Viele Menschen betrachten Terrakotta-Reliefs oder Masken als besonders stilvolle Gartendekoration. In Gartencentern und Fachgeschäften findet man eine große Auswahl solcher Objekte, auch aus Zementguss und Compositstein. Beliebt sind klassische Motive, beispielsweise Löwenköpfe oder Sonnengesichter.

Pflanzen auf hohem Niveau

Bei Blumenkästen denkt man üblicherweise an Fenstersimse und Balkongeländer. Es gibt aber keinen Grund dafür, sie nicht auch an einer kahlen Mauer oder einem Zaun zu befestigen. In akkuraten Reihen, versetzt oder auch unregelmäßig verteilt, können Kästen mit leuchtenden Pelargonien oder Kaskaden von Petunien selbst graue Mauern aufwerten. Außer großen Blumenkästen gibt es auch kleinere Pflanzgefäße, die sich an senkrechten Flächen befestigen lassen. Man kann sie direkt bepflanzen oder einen Topf hineinstellen. Kombiniert man sie mit konventionellen Blumenkästen, wird das Ensemble noch abwechslungsreicher.

Solche relativ kleinen Pflanzgefäße müssen mindestens einmal täglich gewässert werden, an heißen Sommertagen eventuell zweimal. Hängen Sie die obersten Gefäße nur so hoch auf, dass Sie sie zum Gießen auch mit einer schweren, vollen Kanne noch bequem erreichen. Überschüssiges Wasser tropft oft aus den Gefäßen herab und hinterlässt an der Mauer eine Spur. Außerdem kann bei einschaligem Mauerwerk Wasser eindringen und auf der Rückseite Flecken hinterlassen – das ist besonders unangenehm, wenn es sich um eine Hausmauer handelt.

Wasserspeier

Ist der Garten zu klein für einen Teich, könnten Sie trotzdem einen Wasserspeier mit Reservoir, in das der Wasserstrahl plätschert, installieren. Falls Sie Kinder haben, ist dies auch eine Möglichkeit, die Gefahren zu vermeiden, die ein Teich mit sich bringt, ohne auf Wasser im Garten zu verzichten. Das Reservoir lässt sich unauffällig im Boden verstecken und mit Steinen abdecken.

Unten: Vielerlei Objekte eignen
sich zum Verschönern von
Mauern. Dieser kleine Wand-
brunnen ist dekorativ und sorgt
für beruhigendes Plätschern.

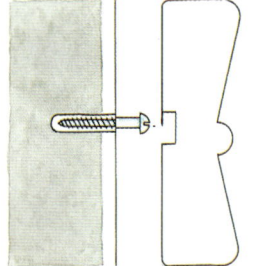

1
Bohren Sie ein Loch in die
Mauer, schieben Sie einen
Dübel hinein, und drehen Sie
eine Schraube ein, an der das
Objekt aufgehängt wird.

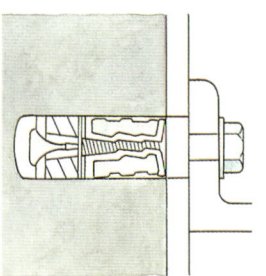

2
Besonders schwere Objekte
sollten Sie mit speziellen
Dübeln und robusten
Wandankern befestigen.

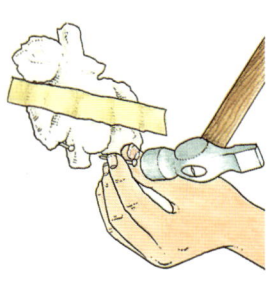

3
Für leichte Dekorationen aus
Gips genügt meist schon ein
spezieller Klebstoff. Mit Nägeln oder Klebestreifen wird
das Objekt so lange fixiert,
bis der Kleber ausgehärtet ist.

DEKORATIONEN BEFESTIGEN

Viele Dekorationen kann man direkt an die Mauer oder
den Zaun nageln. Verwenden Sie Stahlnägel, und setzen Sie eine Schutzbrille auf, weil manchmal Zie-
gelsplitter abplatzen. In manche Mauern müssen Sie
ein Loch bohren und eine Schraube oder einen Bolzen
eindübeln, um eine stabile Befestigung zu erhalten.
Achten Sie darauf, dass Ihre Dekoration sicher befestigt ist, sodass sie auch bei starkem Wind nicht herab-
fallen kann.

Wer nicht vorhat, eine Maske oder ein Relief bei einem
Umzug mitzunehmen, befestigt sie am besten mit
Zement auf der Mauer. Bis der Zement ausgehärtet ist,
muss die Dekoration provisorisch fixiert werden, sonst
rutscht sie mit dem feuchten Zement langsam die
Wand hinab. Für abnehmbare Dekorationen eignen
sich Schrauben und Dübel (siehe oben).

SCHÖNE ZÄUNE

Zäune sind preiswert und schnell gebaut und eine unkomplizierte Lösung für die Gartenbegrenzung. Vorbei sind die Zeiten, als Zäune nur aus Pfosten und gespannten Drähten bestanden. Heute gibt es Zäune in vielen Stilrichtungen und verschiedenen Materialien, und mit etwas Phantasie kann man sie in eine ganz individuelle Begrenzung verwandeln.

WEIDENHECKEN

Wenn Sie frisch geschnittene Weidenruten (Salix) bekommen, verwenden Sie sie als Stecklinge, die im Spätherbst oder zeitigen Frühling direkt in die Erde gesteckt werden. Die teurere Alternative wäre, Jungpflanzen zu kaufen und auf vier Triebe zu stutzen. Stecken Sie die Ruten in Abständen von jeweils 20 cm so in einer Reihe, dass sie abwechselnd nach rechts und links geneigt sind. Dann verflechten Sie die Ruten zu einem rautenförmigen Muster. Schneiden Sie die Spitzen in der gewünschten Höhe ab, und flechten Sie im oberen Bereich weitere Ruten waagerecht ein, um das Ganze zusammenzuhalten.

Die Ruten schlagen Wurzeln und bilden Seitentriebe mit Blättern. Alljährlich im Frühling entfernen Sie alle Seitentriebe. Mit der Zeit wachsen die Ruten zusammen und bilden eine stabile lebende Wand, die sich nicht in eine dicke Hecke verwandelt, wenn Sie jedes Jahr die Seitentriebe ausschneiden.

Traditionelle Zäune bestehen aus senkrechten Pfosten und quer gespannten Drähten oder Latten. Sie markieren zwar eine Grenze, halten aber weder Tiere noch Menschen fern und geben kaum Sichtschutz. Spannt man Maschendraht zwischen die Pfosten, ist das Problem nur zum Teil gelöst – preiswert, aber nicht gerade schön. Für Abwechslung lässt sich sorgen, indem man verschiedene Maschentypen verwendet und diese vielleicht noch um 90 oder 45 Grad dreht, sodass verschiedene Muster entstehen. Alte Maschendrahtzäune kann man begrünen. Dazu braucht man nur Efeu am Zaun zu pflanzen und in die Höhe klettern zu lassen. Auf diese Weise entsteht ein grüner Sichtschutz, der nur einmal im Jahr geschnitten werden muss – wenn überhaupt (siehe Seite 104).

Alternativen in Holz

In Stadtgärten sind hohe, blickdichte Holzzäune beliebt. Der Handel wartet mit vielen verschiedenen Modellen auf. Manche sind billig, sehen auch so aus und halten nicht lange. Andere sind meist teurer, sehen aber auch attraktiver aus und sind langlebiger – die Investition lohnt sich meist. Trotzdem können auch solche Zäune langweilig sein. Selbst wenn man sie noch durch ein Spalier ergänzt, sehen sie immer noch aus wie Massenware.

Ländlicher Charme

Durch traditionelle Holzzäune, wie man sie früher auf Rinder- oder Schafweiden verwendete, lässt sich ländliche Atmosphäre erzeugen. Diese Zäune bestehen oft aus geflochtenen Hasel- oder Weidenruten. Das Handwerk der Zaunflechterei erlebt durch die aktuelle Nachfrage einen Aufschwung, und es werden verschiedene individuelle Designs angeboten. Offen geflochtene Modelle können attraktiv aussehen, doch sie eignen sich eher für Unterteilungen innerhalb des Gartens als für die Abgrenzung nach außen. Vor allem Weidenruten sind problemlos zu bekommen, und es spricht nichts dagegen, dass Sie Ihren Zaun selbst gestalten und bauen.

Bambus

Wer etwas Individuelles möchte, kann sich seinen Zaun selbst herstellen. Dafür gibt es verschiedene Möglichkeiten, von denen einige allerdings etwas hausbacken aussehen. Bambuszäune bieten sich für kleine Gärten an; man kann sie bauen, indem man einfach Bambusmatten von der Rolle auf einen vorhandenen Zaun nagelt. Im Idealfall wird nur das Gerüst des Zauns verwendet, sodass Licht zwischen den Bambusstäben durchschimmert. Wer einen ganzen Zaun verkleiden will, muss darauf achten, dass er komplett verdeckt wird. Dickere Bambusstäbe kann man auch einzeln an Holzlatten nageln, die zwischen Pfosten fixiert sind. Interessante Muster lassen sich aus Stäben unterschiedlicher Dicke oder Länge gestalten, die man regelmäßig oder unregelmäßig anordnet.

Massivholz

Massivholz eignet sich gut für Zäune und widersteht auch widrigsten Wetterbedingungen. Staketenzäune sehen attraktiv aus und passen gut zu einem kleinen

Unten links: Ein einfacher Zaun lässt sich aus einem Holzspalier bauen, auf das Bambusmatten genagelt werden.

Unten rechts: Flechtzäune passen besonders gut in informelle Gärten. Hier wurde ein Weidenzaun mit niedrigeren Bambusmatten kombiniert.

Garten, vor allem, wenn ein älteres Haus dazu gehört. Diese Zäune bestehen aus flachen, etwa 5 cm breiten Zaunlatten, die an zwei oder drei waagerechten Leisten befestigt sind. Diese wiederum werden von Pfosten in etwa 1,8 m Abstand gehalten. Normalerweise sind die Abstände zwischen den Zaunlatten so breit wie die Latten selbst. Die oberen Enden der Latten können unterschiedlich geformt sein: spitz, leicht abgerundet oder halbkreisförmig. Häufig sind solche Zäune weiß, man kann sie aber auch unbehandelt lassen (dann allerdings druckimprägniert) oder in einem sanften Blaugrün streichen.

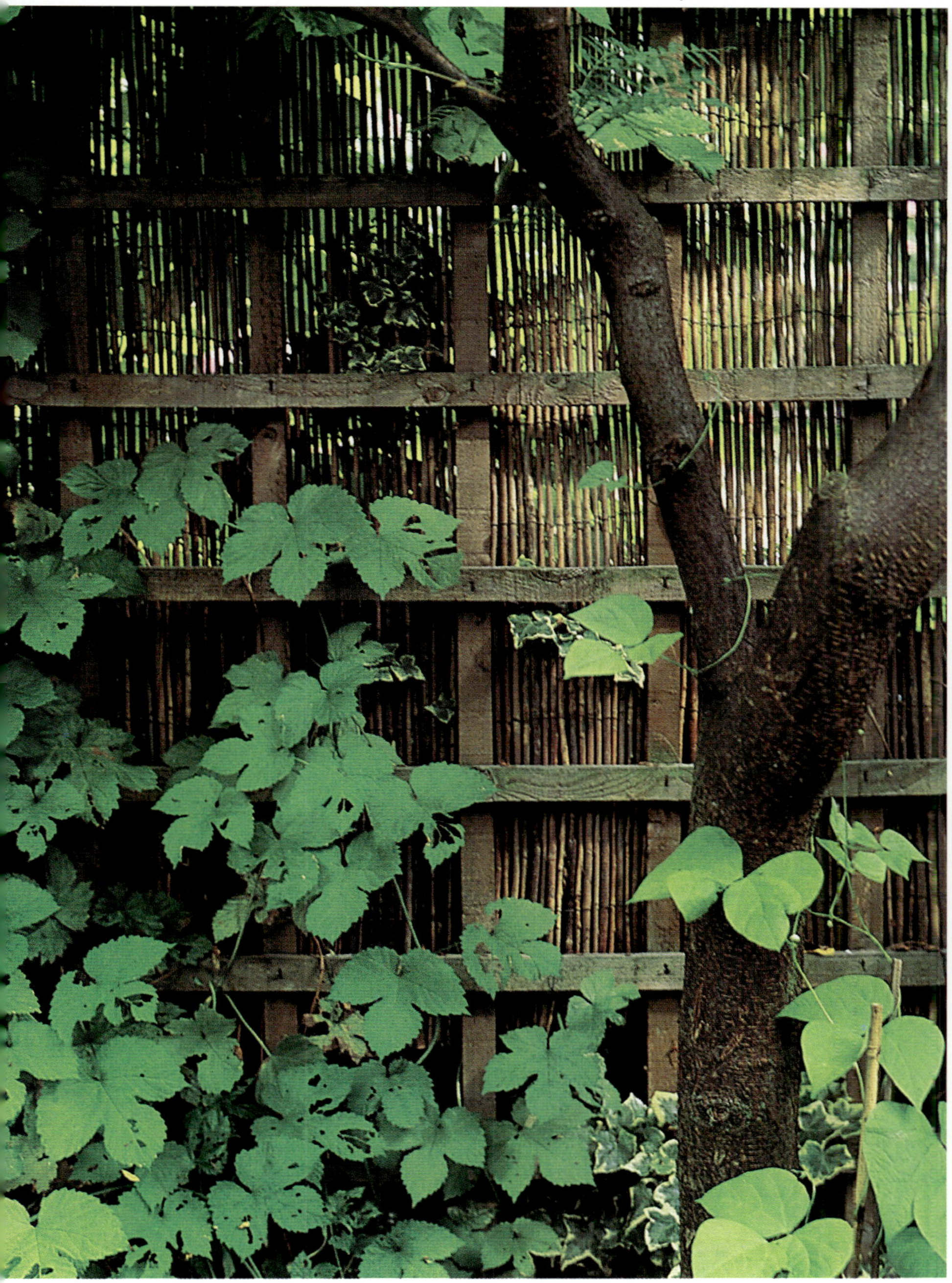

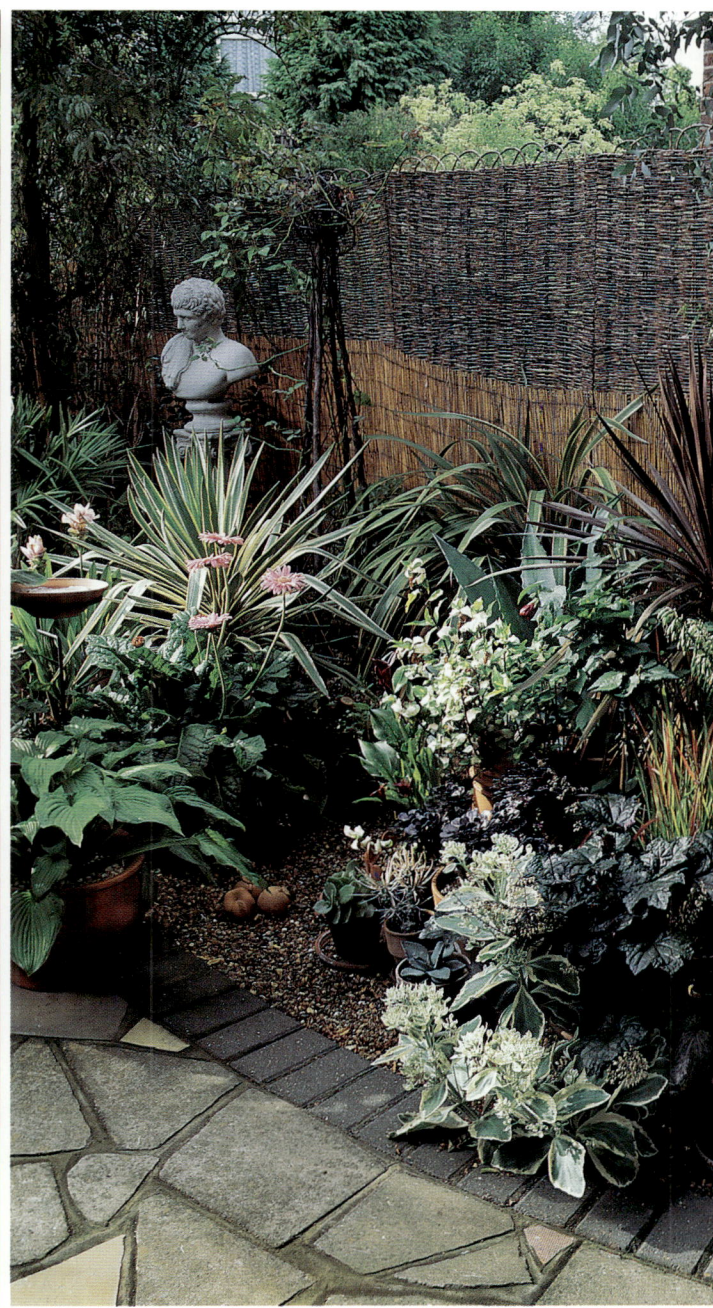

EINGANG UND AUSGANG

Der Eingang beziehungsweise Ausgang ist ein wichtiger Teil des Gartens. Er ist die sichtbare Schwelle zum Privatbereich, aber auch das Erste und Letzte, was die Besucher von Ihrem Grundstück sehen. Darum vermittelt der Ein- und Ausgang einen bleibenden Eindruck des Gartens.

Stellen Sie sich den Ausschnitt vor, der vom Eingang eingerahmt werden soll. Das kann ein Weg und eine Haustür sein, aber auch der Garten selbst. Den schönsten Rahmen bildet ein Bogen – sei es aus massiven Mauersteinen, aus Holz, aus Metall oder aus Pflanzen. Stellen Sie sich an den Eingang Ihres Gartens und überlegen Sie, welchen Eindruck Sie schaffen möchten.

Bögen

Bögen können sehr schön den Eingang zum Garten oder den Durchgang zwischen Gartenbereichen einrahmen. Ein Blick auf das, was dahinter liegt, reicht oft aus, um zum Weitergehen einzuladen. Die einfachste Möglichkeit besteht darin, einen Bogen aus Kunststoff oder Metall aufzustellen. In Gartencentern und Fachgeschäften werden viele verschiedene Modelle angeboten. Kunststoff sieht selten attraktiv aus und ist auch nicht sehr langlebig. Metall ist auf lange Sicht die wirtschaftlichere Wahl. Viele handelsübliche Bögen sind allerdings zu schmal. Schätzen Sie vor dem Kauf des Bogens ab, ob zwischen den Pfosten noch ausreichend Platz ist, um bequem hindurchgehen zu können, wenn er mit Rosen bewachsen ist.

Den Bogen begrünen

Manche Bögen sind so schön, dass man sie nicht bepflanzen möchte, aber in einem kleinen Garten, wo Platz knapp ist, bietet ein Bogen die Möglichkeit, weitere Pflanzen zu halten – in diesem Fall Kletterpflanzen –, die man sonst nicht unterbringen könnte. Rosen sind für Bögen besonders beliebt; vor allem stachellose Sorten wie *Rosa* 'Zéphirine Drouhin' sind zu empfehlen. Viele Rosen blühen während des ganzen Sommers. Lässt man zusätzlich noch eine Clematis durch die Rosenzweige klettern, verlängert man die Blühsaison erheblich ins Frühjahr hinein. Die nach innen wachsenden Triebe müssen regelmäßig gestutzt werden, damit die Pflanzen nicht den Durchgang behindern.

Pforten

Es gibt eine Vielzahl von Pforten aus Holz und Metall. Metallpforten mit weiten Stababständen sind nicht zu empfehlen, wenn kleine Kinder den Garten benutzen (siehe unten). Unabhängig vom gewählten Material müssen die Pfosten sorgfältig einbetoniert werden, sonst verzieht sich die Pforte bald und klemmt oder öffnet sich von selbst. Pforten innerhalb des Gartens dürfen extravaganter sein. Sie müssen nicht einmal funktional sein, sondern dürfen als bloße Dekoration dienen oder den Blick in einen anderen Gartenbereich lenken.

Sicherheit

Denken Sie bei jeder baulichen Konstruktion auch an die Sicherheit. Die Abgrenzung gegen die Außenwelt muss nicht rigide wirken, aber wer Kinder hat, braucht sichere Pforten, durch die die Kleinen nicht auf die Straße entwischen können. Wichtig ist ein Schließmechanismus, der außerhalb ihrer Reichweite liegt. Praktisch sind auch Pforten, die sich hinter dem Besucher selbsttätig schließen. Allerdings: Wenn ein Kind aus dem Garten schlüpft, kommt es nicht wieder hinein.

1 Die Elemente auf den Boden legen. Die Holme v-förmig einsägen, an den Sprossen entsprechende Spitzen zusägen.

2 Die Elemente dann mit verzinkten Nägeln von der Außenseite der Holme her fest zusammennageln.

Linke Seite: Anstelle eines Bogens können auch einfache Dreibeine oder Klettersäulen den Eingang flankieren.

Unten: Einfach, aber sehr dekorativ ist eine dichte Hecke, die sich über einem Durchgang zu einem großen Bogen schließt.

3 Für die senkrechten Leitern Löcher in den Boden graben und die Enden der Holme einbetonieren. Danach die obere Leiter sicher befestigen.

EINEN RUSTIKALEN BOGEN BAUEN

Man kann einen Bogen im Gartencenter kaufen, es ist aber preiswerter und macht außerdem Spaß, ihn selbst zu bauen. Das einfachste Modell ist ein rustikaler Bogen, bei dem kleine Ungenauigkeiten in der Passform der Teile nicht tragisch sind. Besonders geeignet sind Kastanien-Rundhölzer; Sie können aber auch anderes Holz verwenden, wenn es mit Holzschutzmittel behandelt wird oder druckimprägniert ist. Wichtig ist, dass die unteren Enden der Holme fest verankert werden, am besten in Beton. Wenn der Bogen erst einmal berankt ist, muss er ein erhebliches Gewicht tragen.

Für einen einfachen Bogen brauchen Sie vier Stützen. Befestigen Sie jeweils drei oder vier Quersprossen zwischen zwei Holmen, und verbinden Sie diese beiden Leitern durch zwei Querhölzer. Auf diese Querhölzer werden ebenfalls drei oder mehr Sprossen genagelt. Sie können auch kürzere Querhölzer schräg anbringen, sodass der Bogen sich nach oben hin verjüngt.

5

LANDSCHAFTSIDEEN

Die meisten kleinen Gärten werden für verschiedene Zwecke genutzt. Vorbei sind die Zeiten, als ein Garten nur zum Ziehen von Pflanzen da war. Heute wünschen sich fast alle Gartenbesitzer einen gepflasterten Bereich, der groß genug für eine Sitzgruppe ist, auf dem man essen, sich sonnen, grillen oder Gäste empfangen kann und der auch den Kindern noch Platz zum Spielen bietet.

AUF ANHIEB RICHTIG

Fast alle Oberflächen können an eine andere Stelle verlegt werden, sofern sie nicht betoniert sind. Das ist aber sehr mühsam und aufwendig, darum sollten Sie Ihr Vorhaben sehr gründlich durchdenken. Nehmen Sie sich Zeit für die Planung. Zeichnen Sie die Fläche auf dem Boden auf, und gehen Sie darauf umher. Machen Sie sich ein Bild vor Ihrem geistigen Auge, ehe Sie mit den Bauarbeiten beginnen. Wenn Sie unsicher sind, sollten Sie einige Alternativen durchdenken, bevor Sie sich endgültig entscheiden. Besuchen Sie möglichst auch andere Gärten, in denen Sie verschiedene Flächenmaterialien und Gestaltungsvorschläge begutachten können.

GRAS

Früher fanden alle Aktivitäten auf dem Rasen statt, und es gibt auch heute keinen Grund, der dagegen spricht. Robuste Grassorten verkraften regelmäßiges Betreten und selbst wilde Kinderspiele. Freunde eines perfekten Rasens werden allerdings die zarteren Sorten bevorzugen, die gepflegter aussehen. Die Nachteile von Gras sind, dass man es im Winter nicht benutzen sollte und dass man es während der Wachstumsphase mähen muss. Das bedeutet in der Folge, dass man einen Platz für den Rasenmäher braucht und eventuell noch einen Komposter für den Grasschnitt. Ist in einem Garten der Platz knapp oder haben seine Besitzer ohnehin wenig Zeit, sich um die Pflege zu kümmern, sollten Sie nach einer anderen Lösung suchen. Trotz dieser Nachteile sind Rasenflächen aber vielfältig nutzbar und zum Entspannen an Sommertagen ideal.

HARTE FLÄCHEN

Wer sich gegen Gras entscheidet, kann dennoch unter vielen anderen Material en wählen. Viele sind in der Anschaffung recht teuer, brauchen aber weder Dauerpflege noch einen Rasenmäher, und sie können auch im Winter benutzt werden. Gehwegplatten sind relativ preiswert und recht einfach zu verlegen. Ziegel und Pflastersteine sind ebenfalls beliebt, und auch sie eignen sich für individuelle – wenn auch kostspielige – Flächengestaltungen.

WEICHERE OBERFLÄCHEN

Wer darauf hinfällt, kann bestätigen, dass Kies alles andere als weich ist. Er sieht aber weicher aus als massive Pflastermaterialien und ist obendrein flexibel. Er ist preiswert, lässt sich schnell und problemlos verlegen und sieht adrett aus, solange er regelmäßig geharkt und von Unkraut befreit wird. Kies wird in verschiedenen Körnungen und Farbtönen angeboten und harmoniert gut mit anderen Materialien, beispielsweise Trittplatten aus Naturstein. Weil er jedoch leicht verrutscht, muss er mit Kantensteinen, Holzpflöcken oder Brettern gesichert werden, damit er sich nicht mit der Zeit in Beeten und Rasenflächen verteilt.

Rindenhäcksel ergeben eine besonders weiche Oberfläche. Eine dicke Schicht im Spielbereich der Kinder, etwa unter der Schaukel, verhindert Verletzungen, Schrammen und blaue Flecken. Von Zeit zu Zeit muss man die Schicht auffüllen; auch Unkraut bahnt sich manchmal seinen Weg durch die Stückchen.

OBENDRAUF

Eine hierzulande eher unkonventionelle Lösung besteht darin, den Erdboden kurzerhand unter einem Holzdeck verschwinden zu lassen. Das ist eine Holzplattform, die auf dem Boden oder ein Stück darüber angebracht wird. Mit Hilfe solcher Decks kann man in abschüssigen Gärten ebene Flächen schaffen (siehe Seite 42–43).

SCHÖN GEPFLASTERT

Schlichte viereckige Gehwegplatten sind, wenn sie Ihnen gefallen und zum Stil des Gartens passen, eine gute Wahl. Sie lassen sich schnell und einfach verlegen. Es gibt aber so viele brauchbare Alternativen, dass sich originellere und interessantere Arten der Pflasterung anbieten.

Wenn Sie einfache Gehwegplatten verwenden, überlegen Sie, ob Sie nicht doch einmal vom konventionellen Rastermuster abweichen wollen. Man könnte die Platten versetzt anordnen oder um 45 Grad drehen, sodass ein diagonales Muster entsteht – eine ebenso einfache wie attraktive Lösung. Eine weitere Möglichkeit ist die Kombination von Platten verschiedener Größe. Genaue Planung verhindert, dass Sie nicht zu viele Platten der einen Größe und zu wenige der anderen kaufen. Zeichnen Sie das Muster vorher unbedingt auf Papier vor.

Eine andere Art, für Abwechslung zu sorgen, besteht in der Verarbeitung farbiger oder strukturierter Platten. Manche haben Oberflächen wie verwitterter Stein, andere imitieren aufwendige Pflasterungsmethoden, etwa Ziegel. Es gibt spezielle

Seite 38, links: Gehwegplatten müssen nicht langweilig aussehen. Diagonal verlegt dienen sie als Trittsteine und bilden ein interessantes Muster.

Seite 38, rechts: Muster aus konzentrischen Kreisen aus unterschiedlichem Material sehen interessant aus. Trauen Sie sich ruhig an schwierigere Muster!

1
Den Boden sorgfältig einebnen, dann eine Sandschicht auffüllen und wieder einebnen.

2
Die Platten direkt auf den Sand legen. Dabei auf rechtwinklige Ausrichtung achten.

Platten für Kreismuster. Interessant sehen auch selbst gegossene Platten aus. Es lassen sich verschiedene Formen gestalten, man kann die Oberfläche – z.B. mit Muscheln, Kieseln oder anderen Gegenständen – verzieren.

Ziegel und Pflastersteine

Ziegel sind ein traditionelles Material zum Pflastern von Flächen, das – wie viele gute Materialien – seine Zeit längst überdauert hat und dennoch modern und attraktiv aussehen kann. Das liegt daran, dass Ziegel vielseitig sind und sich in zahllosen Mustern verlegen lassen, vor allem, wenn man noch Texturen und Farben mischt. So bieten sie jedermann die Möglichkeit, Wege und Terrassen in sehr individuellen Formen und Mustern zu gestalten. Ziegel sind in Farbe und Form leicht unregelmäßig. Pflastersteine sind gleichmäßiger und wirken dadurch geradliniger und moderner.

Beide können, ebenso wie Gehwegplatten, in einem Bett aus Sand verlegt werden. Bei starker Beanspruchung sollte man sie jedoch auf Beton verlegen. Mieten Sie auf jeden Fall einen elektrischen Rüttler, um damit das Erdreich darunter gut zu verdichten und später die Steine fest ins Sandbett zu drücken, sodass eine ebene Fläche entsteht.

3
Um Höhenunterschiede zwischen zwei Platten auszugleichen, füllen Sie bei Bedarf etwas Sand nach.

4
Die Platten gut festklopfen und mit der Wasserwaage überprüfen, ob sie ganz gerade liegen.

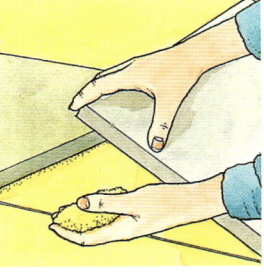 

Die Kombination macht's

Viel interessanter sieht es aus, wenn man verschiedene Materialien mischt. Gehwegplatten oder – falls das Budget reicht – Natursteinplatten harmonieren gut mit traditionellen Ziegeln, Kies oder größeren Flusskieseln. Mit schmalen, hochkant gestellten Streifen aus Platten, Fliesen oder Schiefer kann man Muster legen. Solche dekorativen Flächen sind aber meist etwas uneben und eignen sich eher für Bereiche, die nicht allzu häufig betreten werden. Sie bieten sich aber dafür an, den Weg über eine Terrasse zu markieren oder dekorative „Schienen" in einem Weg farbig zu gestalten.

Selbst gegossen

Wenn Sie genug Zeit haben, können Sie Ihre Platten auch selbst herstellen. Dafür können Sie nicht nur phantasievolle Formen entwerfen, sondern auch die Farben und Oberflächenstrukturen frei gestalten. Fast alles, was Ihnen gefällt, kann zur Oberflächendekoration verwendet werden – Kiesel, Mosaiksteinchen, Backsteinbruch. Bürstet man den Beton ab, ehe er ganz ausgehärtet ist, wird das eingearbeitete Material freigelegt, und die Platte erhält ihre dekorative Oberfläche.

Gras – ohne zu mähen

Wenn Sie Wert auf eine pflegeleichte Fläche legen, sollten Sie auch einmal über Kunstrasen nachdenken. Nicht das Material, mit dem Gemüsehändler ihre Stände belegen, sondern speziellen Kunstrasen für den Außenbereich, der auch für Sportanlagen verwendet wird. Man kann jede vorhandene Terrasse damit belegen, sofern sie glatt und eben ist und keine Risse hat.

PLATTEN VERLEGEN

Die Fläche, die gepflastert werden soll, muss eben und gut verdichtet sein. Eventuell muss Boden abgetragen werden, um die gewünschte Höhe zu erreichen. Den Boden mit einer 5 cm dicken Sandschicht bedecken, darauf die Platten legen und vorsichtig, aber fest mit einem Gummihammer anklopfen, um sie einzudrücken. Um Höhenunterschiede zwischen den Platten auszugleichen, füllen Sie gegebenenfalls etwas Sand nach. Die Fläche sollte ein leichtes Gefälle zu einer Seite haben, damit Wasser abfließen kann.

Wenn der Untergrund weich ist, heben Sie ihn 15 cm tief aus, verdichten ihn und füllen 5–10 cm Schotter auf. Dieser wird ebenfalls verdichtet, dann füllen Sie eine Schicht Sand auf und verfahren weiter wie oben beschrieben.

VERSCHIEDENE EBENEN

Ein Garten mit Gefälle oder mehreren Ebenen verlangt bei der Anlage etwas mehr Planung. Andererseits sehen geschickt gestaltete Gärten auf mehreren Ebenen oft interessanter aus als ganz flache. Ebene Flächen haben jedoch den Vorteil, dass sie sich leichter bearbeiten lassen. Das gilt besonders für ältere oder körperlich behinderte Menschen.

STÜTZMAUERN

Um auf einem Hanggrundstück zwei Ebenen zu schaffen, muss eine Stützmauer errichtet werden. Das kann eine Trockenmauer sein, aber auch eine Mauer aus Ziegeln oder Betonblöcken. Wenn Sie im Mauern nicht geübt sind, sollten Sie diese Arbeit lieber einem Fachmann überlassen, denn eine Stützmauer muss großem Druck standhalten. Sie braucht ein tiefes Fundament, das mit Schotter und Beton gefüllt wird. Für Mauern bis zu 60 cm Höhe sollte das Fundament 35 cm tief sein und 15 cm Beton enthalten. Ist die Mauer höher, sollte die Betonschicht mindestens 25 cm dick sein. Ziegel und Betonblöcke werden mit Mörtel verarbeitet. Am Fuß der Mauer sind Öffnungen sinnvoll, durch die Wasser aus dem Erdreich hinter der Mauer sickern kann. Um die Drainage zu verbessern, füllen Sie in den Bereich hinter der Mauer zuerst eine Schicht groben Schotter, bevor Erde aufgeschüttet wird.

Je nach gewünschtem Gartenstil gibt es viele Möglichkeiten, mit einem Hang umzugehen. Hat der Garten nur ein leichtes Gefälle, ist es am einfachsten, es zu ignorieren. Das Stehen und Gehen an einem Hang kann auf die Dauer aber ermüdend sein, etwa bei der Gartenarbeit, außerdem sehen Gärten mit Gefälle oft etwas verunglückt aus. Die Lösung ist, den Hang in zwei flache Bereiche zu verwandeln, die durch Stufen miteinander verbunden werden. Liegt in einem kleinen Garten der höhere Bereich am Haus, bietet er sich für eine Terrasse an, während im unteren Bereich Platz für Rasen, Blumen und ein Gemüsebeet bleibt.

Aufwendiger ist es, eine Hangfläche in eine Landschaft aus mehreren ebenen und abschüssigen Bereichen zu verwandeln. Andererseits sehen solche Gärten reizvoll aus und bieten sich gerade für eine informelle Gestaltung hervorragend an. In Gärten mit starkem Gefälle können Sie eine Reihe von großen, hohen „Stufen" anlegen, die jeweils durch eine Stützmauer gehalten werden. Beete direkt hinter der Mauer lassen sich bequem vom darunter liegenden Weg aus pflegen.

Einen Hang terrassieren

Achten Sie beim Terrassieren eines Hanges vor allem darauf, lehmigen Unterboden und fruchtbare Deckerde nicht zu vermischen.

An einem leichten Hang mit einer ausreichend dicken Humusschicht kann man einfach durch Umformen der Oberfläche mit dem Spaten Ebenen schaffen. Ist der Hang steiler, sollten Sie die Erde mit einem kleinen Bagger bewegen. Baggern Sie zuerst die Deckerde aus, und lagern Sie sie an der Seite. Dann formen Sie das Gelände und verteilen anschließend wieder die Deckschicht. Das kann man auch von Hand mit Schaufel und Schubkarre machen – es ist aber harte Arbeit.

Bewegtes Wasser

Ein Hanggrundstück ist ideal, um Bachläufe und Wasserfälle anzulegen. Je stärker das Gefälle, desto lebhafter das Gewässer, das aus einer künstlichen Quelle am oberen Ende entspringt und bis zu einem Becken am Fuß des Hanges strömt, von wo das Wasser wieder nach oben gepumpt wird. Das Bachbett sollte mit Beton oder Teichfolie ausgelegt sein. Weder Beton noch Folie dürfen am Ende zu sehen sein. Legen Sie das Bett mit Kies aus und kaschieren Sie die Ränder mit Pflanzen.

Auf und ab

Wenn ein Garten sich über mehrere Ebenen erstreckt, muss man problemlos von einer zur anderen gelangen können. Man kann zwar Stufen bauen, sollte aber auch über eine Rampe nachdenken, über die sich Schubkarren und Rasenmäher leicht schieben lassen. Denken Sie daran, dass sehr flache Stufen nicht sonderlich angenehm zu begehen sind. Bei leichtem Gefälle ist eine Rampe zu bevorzugen.

Stufen müssen solide gebaut sein. Ihr Stil hängt von der Gartenanlage ab. Formale Treppen passen beispielsweise nicht in einen naturnahen Garten. Der Stil bestimmt auch das geeignete Material, etwa Ziegel, Natursteine, Beton oder Holz.

Unten: Überwachsene Stufen sehen schön aus und geben einem Garten Charme.

Ganz unten: Dieses schöne Wasserspiel nützt die Höhenunterschiede geschickt aus.

Rechts: Gemauerte Stufen sind praktisch für oft benutzte Wege. Die Pflanzen zurückstutzen.

HOLZDECK – EINFACH AUFLEGEN

In vielen Ländern, etwa in den USA, sind Holzdecks die beliebteste Lösung für Sitzbereiche. Sie erinnern an eine Veranda, die sich am Haus entlangzieht. Decks müssen nicht unbedingt unmittelbar ans Haus angrenzen – man kann sie nahezu überall im Garten verlegen.

Praktisch ist, dass man Holzdecks überall aufbauen kann. Der Boden muss nicht besonders eingeebnet werden, und der übrige Garten bleibt von den Arbeiten weitgehend unberührt. Außerdem lassen sie sich in nahezu jeder Höhe bauen: vom Bodenniveau bis fast zum Dach. Sie können von einem höher gelegenen Gartenbereich vorspringen und eine Aussichtsplattform bilden, sie können auch über einen Teichrand ragen, sodass man an der Kante liegen und die Füße ins Wasser baumeln lassen kann. Man kann sie leicht fegen und muss sie nicht mähen. Holz wirkt weicher und wärmer als Stein oder Beton. Es verwittert zwar mit der Zeit, doch gut vorbehandelt und gepflegt hält solch ein Deck viele Jahre.

1

Holzdecks werden auf Kanthölzern verlegt, die wiederum
oberhalb des Bodens liegen,
damit sie nicht verrotten.

2

Alternativ kann man sie auf
Betonschwellen oder – bei
abschüssigem Gelände – auf
Betonpfeilern verlegen.

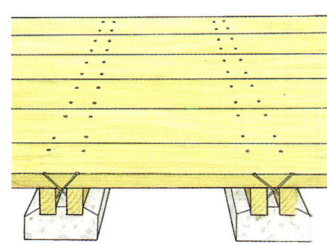

HOLZDECKS VERLEGEN

Die Oberfläche kann aus Holzbrettern bestehen, die eine geschlossene Oberfläche bilden oder Lücken haben, durch die Regenwasser abfließen kann. Zu breit dürfen solche Zwischenräume aber nicht sein, sonst verklemmen sich Stuhlbeine leicht darin und kleine Gegenstände fallen hindurch an Stellen, wo man sie nicht leicht erreichen kann. Auch Kinder könnten mit dem Fuß hängen bleiben und sich verletzen. Zwar spart man bei größeren Zwischenräumen Holz und somit Kosten, doch schafft solch eine Variante mehr Probleme als sie löst. Abstände von etwa 5–6 mm sind durchaus akzeptabel, und wenn das Holz vor der Verarbeitung nicht ausreichend abgelagert war, stellen sie sich durch die Trocknung bald von selbst ein. Es ist wichtig, wie das Holz verlegt wird, denn davon hängt die Wirkung des Decks ab. Es gibt verschiedene Möglichkeiten, Muster zu gestalten. Man könnte sogar ein Parkettmuster simulieren. Am besten geeignet ist Hartholz. Es ist robust, splittert nicht so leicht und ist auch wenig anfällig für Fäulnis. Leider ist es teuer. Weichholz ist wesentlich preiswerter, kann aber Splitter in nackte Füße treiben, wenn es nicht sorgfältig geschliffen ist. Druckimprägnierung und ein Anstrich mit einem umweltverträglichen Holzschutzmittel sind unerlässlich. Alle Metallbeschläge sollten verzinkt sein, damit sie nicht rosten.

Formen

Viele Holzdecks sind quadratisch oder rechteckig, weil solche Formen am einfachsten zu konstruieren sind. Damit sich ein Deck aber gut in den kleinen Garten einfügt, sollte man den verfügbaren Platz möglichst optimal nutzen – auch wenn eine maßgefertigte Ausführung vom Schreiner oder Zimmermann teurer ist oder es mehr Zeit kostet, wenn man das Deck selbst zimmert.

Weil man Holz in Form von langen Brettern kauft, denkt man leicht, man könne daraus nur Dinge mit geraden Kanten herstellen, und so haben die meisten Decks gerade Kanten. Indes gibt es nichts, was gegen Rundungen spricht. Mehrere runde Decks, vielleicht auf verschiedenen Ebenen, können sehr reizvoll aussehen. Man könnte auch die Grenze eines Decks zu einem Rasen oder Gehölzbeet als weiche Kurve gestalten.

Weil sich Holz leicht zuschneiden lässt, kann man in ein Deck auch Öffnungen sägen, durch die Pflanzen wachsen können. Es wäre möglich, kleine Beete zu integrieren, in denen Blattpflanzen oder Sträucher wachsen. Vor allem aber muss man vorhandene erhaltenswerte Bäume und Sträucher nicht roden, sondern legt das Deck einfach um sie herum. Das ist in sehr steilen Gärten ein Vorteil, wo ein Deck in Höhe einer Baumkrone vorspringt, aber auch in ebenen Gärten, wo die Bäume willkommenen Schatten spenden.

Darüber ein Dach

Wo Bäume als natürliche Schattenspender fehlen, kann man über dem Holzdeck ein durchbrochenes Dach errichten, das Licht durchlässt, aber grelle Sonne filtert. Es könnte so gebaut sein, dass sich eine Markise darüber ziehen lässt, wenn noch mehr Schatten gewünscht wird. Eine andere Möglichkeit ist eine Pergola, die sich über das Deck oder einen Teil davon spannt und mit Kletterpflanzen begrünt wird. Die Pflanzen spenden Schatten und ergänzen den Sitzplatz, je nach Art, zusätzlich durch Farbe oder Duft. Wein *(Vitis)* spendet einen wundervoll diffusen Schatten, unter dem es sich romantisch tafeln lässt.

Linke Seite: Mit Holzdecks
kann man schöne Sitzbereiche im Garten gestalten. Sie
können sehr edel aussehen
und wie eine Erweiterung
des Fußbodens in der Woh-
nung wirken.

VON HIER NACH DA – WEGE

Wege spielen in jedem Garten, also auch im Nutzgarten, eine wichtige Rolle. Sie dienen sowohl praktischen als auch ästhetischen Zwecken, und ihr Verlauf sollte schon bei der Planung der Anlage bedacht werden. Die Wirkung von Wegen ist so vielfältig, wie es die Materialien sind, aus denen sie gestaltet werden.

Die wichtigste Funktion eines Wegs ist natürlich, eine Person „trockenen Fußes" von A nach B zu bringen. Das klingt trivial, wird aber bei der Planung von Gärten häufig übersehen. Zu oft ziehen sich „Hauptverkehrswege" an unnützen Stellen durch den Garten oder machen eine überflüssige Kurve, statt geradewegs zu ihrem Ziel zu führen. Folglich nimmt man im Alltag dann Abkürzungen und hat so bald Trampelpfade im Rasen. Oder man springt über Blumenbeete, um schneller ans Ziel zu gelangen. Wenn ein Weg häufig benutzt wird, weil er beispielsweise vom Geräteschuppen zur Haustür führt, sollte er so gerade und direkt wie möglich sein. Nun sind nicht alle Wege „Hauptverkehrswege". Manche führen zwischen den Beeten oder schlängeln sich zwischen Sträuchern hindurch. Solche Wege dürfen gewunden sein; man benutzt sie selten, wenn man in Eile ist. Ihr Zweck ist nicht, schnell ein Ziel zu erreichen, sondern den Weg selbst zu genießen.

Das Aussehen zählt

Wege ziehen sich wie Linien und Bänder durch den Garten, und unser Auge neigt dazu, sie zu verfolgen. Ein gerader Weg, der beispielsweise an einem Schuppen endet, lässt sich mit einem Blick erfassen und ist eine optische Einbahnstraße. Ein gewundener Weg verrät nicht gleich, was sich rechts und links davon befindet, und verschwindet manchmal auch geheimnisvoll zwischen Pflanzen. Das Auge wird abgelenkt, beispielsweise durch die Beete zu beiden Seiten. Wege, die um eine Kurve führen, laden zum Nähertreten und Erkunden ein. Gerade in kleinen Gärten ist es günstig, durch geschickt gestaltete Wege den Eindruck zu erwecken, hinter dem unmittelbar Sichtbaren gebe es noch etwas zu entdecken.

Das richtige Material

Für Wege kann man vielerlei Materialien benutzen. Ist bereits ein anderer Teil des Gartens, etwa die Terrasse, gepflastert, lässt sich durch einen ähnlichen Bodenbelag eine optische Einheit schaffen. Es kann aber auch interessant sein, verschiedene oder sogar kontrastierende Materialien zu verwenden. Das gilt vor allem, wenn der gepflasterte Bereich einen Teil des Wegs bildet. So könnte der Weg von der Küchentür über die Terrasse und weiter zum Gemüsebeet führen. Besteht nun die Terrasse aus Platten, kann es reizvoll aussehen, wenn der gesamte Weg – auch der Teil, der die Terrasse überquert – aus Ziegeln besteht.

Wir haben schon erwähnt, dass Gehwegplatten leicht zu verlegen sind (siehe Seite 38–39). Ziegelsteine sehen gut aus, sind aber teuer. Allerdings können sie rutschig werden, wenn sich ein Algenbewuchs darauf bildet. Auch Kieswege sind attraktiv und einfach anzulegen. Schön und preiswert sind Rasenwege, die man allerdings mähen muss und bei nassem Wetter und im Winter nicht benutzen sollte, um die Grasnarbe nicht zu schädigen. Rindenhäcksel sind angenehm weich zu begehen, sehen aber schnell unansehnlich aus. Darum eignen sie sich am besten für Wege zwischen Sträuchern, wo kein Gras wachsen würde.

Es spricht nichts dagegen, verschiedene Materialien zu kombinieren. Ein Plattenweg mit Kiesrändern ist beispielsweise hübsch anzusehen. Ziegel und Granitblöcke sind ebenfalls eine gute Ergänzung zu Platten oder Kies.

Links: Wege aus Ziegeln sehen sehr schön aus. Im Schatten gelegen können sie aber rutschig werden, wenn sich Algen darauf ansiedeln.

EINEN ZIEGELWEG VERLEGEN

Zuerst den Boden so weit ausheben, dass das endgültige Niveau (inkl. Ziegel) knapp über der umgebenden Erde liegt. Den Boden am Grund der Vertiefung verdichten und mit einer 5–10 cm dicken Schotterschicht bedecken. Auf diese eine 5 cm dicke Betonschicht gießen. Die Ziegel werden entweder in einem dünnen Sandbett auf dem Beton verlegt oder mit Mörtel fixiert. Für häufig benutzte Wege ist das Betonbett wichtig, weil Ziegel leicht absacken. Bei seltener benutzten Wegen können die Ziegel auch direkt auf dem gut verdichteten Boden verlegt werden.

1
Ziegel verlegt man am besten auf einer dünnen Betonschicht, unter der sich eine Schicht aus verdichtetem Schotter befindet.

2
Füllen Sie eine dünne Sandschicht auf den Beton, und legen Sie die Ziegel im gewünschten Muster aus.

3
Die Ziegel festklopfen und mit der Wasserwaage prüfen, ob sie gerade liegen. Dann feinen Sand in die Fugen fegen.

Trittsteine

Trittsteine können oft einen Weg ersetzen. In einer Rasenfläche bilden sie einen robusten Pfad, ohne dass das Bild der Fläche gestört wird. Es ist auch nicht immer nötig, Pflegewege in Beeten anzulegen. Oft reichen Trittsteine aus; sie haben zudem den Vorteil, dass man sie bei wechselnder Bepflanzung umlegen kann.

AM RANDE – EINFASSUNGEN FÜR WEGE, TERRASSEN UND BEETE

So wie Gärten eine Grenze und Bilder einen Rahmen brauchen, tut auch Terrassen und Wegen eine Einfassung gut, die sie von der Umgebung abgrenzt. Manchmal sind weiche Übergänge erwünscht, oft sind saubere Kanten aber schöner und pflegeleichter.

1
Eine schöne Wegkante erhält man, indem man Ziegelsteine mit einer Neigung von 45 Grad in einem schmalen Graben einzementiert.

EINEN WEG EINFASSEN

Harte Kanten, vor allem aus Beton, können streng wirken. Ziegel sehen da zwangloser aus. Sie können auf Weghöhe verlaufen; oft verlegt man sie aber um 45 Grad geneigt und lässt sie etwas aus dem Boden ragen. Es gibt auch dekorative Kantensteine aus Terrakotta und Beton. Alle sollten einzementiert werden, damit sie die Wegränder stützen und nicht kippen.

Graben Sie am Wegrand einen schmalen Graben, schütten Sie Zement hinein, und setzen Sie die Kantensteine akkurat hinein. Auf strapazierten Wegen wie Einfahrten sollte das Betonbett recht tief sein, um die Kante dauerhaft zu befestigen.

Einfassungen haben zwei Aufgaben: Sie bilden eine physische Begrenzung für den Weg oder die Terrasse und rahmen den Bereich optisch ein. Aus praktischen Gründen sind Einfassungen eigentlich nur für lose Beläge wie Kies oder Rindenhäcksel nötig, die sich sonst schnell über den Rand in Beete und Rasen verteilen. Aber auch harte Wegbeläge gewinnen durch eine Einfassung, weil die Kanten nicht so leicht absacken. Klare Wege, die nicht nahtlos ins Beet übergehen, lenken die Tritte der Benutzer besser. Eine erhöhte Einfassung sorgt außerdem dafür, dass höhere Beetpflanzen nicht so leicht über den Weg wachsen.

In optischer Hinsicht gibt eine Einfassung einer Fläche eine klarere Kontur und lenkt den Blick entlang der Kontur. Sie kann auch dekorativ sein und ist oft das i-Tüpfelchen bei einer Gestaltungsmaßnahme.

Weiche Linien

Weich wirkende Einfassungen lassen sich aus natürlichen, organischen Materialien gestalten. Das kann ein Streifen Gras beiderseits der Pflasterung sein, aber es können auch Holzstämme, Holzpflöcke oder kleine Bögen aus geschmeidigen Zweigen oder Metall sein. Solche Bögen sind praktisch, weil sie verhindern, dass Pflanzen auf den Weg oder Rasen kippen. Holzpflöcke bieten sich für Wege mit Rindenhäcksel an: Sie verhindern, dass die Häcksel sich verteilen. Außerdem passen sie in der Umgebung von Gehölzen optisch gut zum Wegbelag.

Niedrige Hecken, vor allem solche aus Buchsbaum *(Buxus sempervirens)* bilden eine ebenso attraktive wie natürliche Einfassung. Sie ziehen eine stabile Grenze, ohne die Bereiche streng voneinander zu trennen. Weg und Beet werden abgegrenzt und behalten dennoch eine Beziehung zueinander. Am besten wirken Buchsbaumhecken, wenn sie sorgfältig beschnitten sind.

Rasen

Rasenflächen haben meist keine klare Begrenzung. Manchmal ist eine Einfassung aber sinnvoll, sie kann etwa aus einer Reihe schmaler Gehwegplatten bestehen. Damit erspart man sich das mühsame Schneiden der Kanten. Außerdem können Pflanzen aus den Beeten hier ein wenig „ausufern". Solche Kanten sollten auf dem gleichen Niveau wie die Grasnarbe liegen, um den Rasenmäher nicht zu ruinieren.

Hoch hinaus

Der Übergang zwischen Terrasse und dem übrigen Garten ist nicht einfach zu gestalten. Oft hört die gepflasterte Fläche einfach auf und der Garten beginnt unvermittelt. Eine Möglichkeit, die Bereiche abzugrenzen, wäre eine niedrige Einfassungsmauer für die Terrasse. Eine einfache Mauer aus Ziegeln oder Betonblöcken reicht aus, man könnte aber auch ein gemauertes Hochbeet als Terrassenbegrenzung erwägen. Denken Sie an Drainagelöcher am Fuß der Mauer, durch die überschüssiges Wasser abfließen kann.

Unten: Auch Pflanzen eignen sich als Einfassung. Sie sollten aber nicht zu nah am Rasenrand wachsen, sonst werden sie leicht versehentlich abgemäht und sterben eventuell ab.

Ganz unten: Pflanzen (hier in Töpfen) sind ideal zum Einfassen von Wegen. Sie sehen reizvoll aus und zeichnen die Ränder weich. Planen Sie die Wege ausreichend breit.

DEKORATIONEN

Gerade wenn der Platz knapp ist, sollten Sie jede Möglichkeit nutzen, einen Garten größer wirken zu lassen, als er tatsächlich ist – und sei es mit Hilfe optischer Illusionen. Das Frustrierende an vielen kleinen Gärten ist, dass sie eben auch klein aussehen. Das hat für die Besitzer zweierlei Konsequenzen. Erstens sind den Nutzungsmöglichkeiten des Grundstücks enge Grenzen gesetzt; man kann eventuell – auch wenn man es wünschte – nicht draußen essen, grillen, Fische halten und auch noch eine Schaukel aufstellen. Zweitens kann nur eine begrenzte Anzahl Pflanzen im Garten stehen – sind es zu viele, wirkt er erst recht klein und überfüllt.

TATSÄCHLICHE GRÖSSE

Wenn Ihr Interesse vor allem den Pflanzen gilt, gibt es einige Möglichkeiten, dem Garten ein Maximum an Platz abzutrotzen. Zunächst lassen sich alle Wände als zusätzlicher Raum für Pflanzen nutzen. Sie können Blumenkästen und andere Behältnisse an den Mauern befestigen und darin Pflanzen halten, die normalerweise im Beet wachsen würden. Um noch mehr Platz zu gewinnen, könnten Sie ein erhöhtes Holzdeck als Sitzplatz bauen und den Bereich unter den Brettern als Stauraum nutzen, etwa für Gartengeräte.

Eine zweite Möglichkeit, mehr Platz für Pflanzen zu schaffen, besteht darin, sie enger zu setzen als üblich. Gemüse muss nicht in Reihen gesät werden. Wenn Sie ein Hochbeet anlegen, können die Pflanzen in dichteren Gruppen stehen. Ist ein Gemüse abgeerntet, kann in der entstandenen Lücke meist neu gesät oder gepflanzt werden. Auch Zierpflanzen kann man in engeren Abständen setzen, allerdings ist dann etwas mehr Pflege nötig. Weil die Konkurrenz zwischen den Pflanzen stärker ist, muss häufiger gedüngt, gegossen und ausgedünnt werden. Und weil die Luftzirkulation eingeschränkt ist, können sich Schädlinge und Krankheiten schneller ausbreiten. Andererseits ist es erstaunlich, wie viele Pflanzen bei entsprechender Aufmerksamkeit und Pflege auf engem Raum gedeihen.

Eine offensichtliche, aber oft übersehene Möglichkeit besteht darin, viele kleinere Pflanzen zu wählen. Sie werden sich wundern, wie viele Steingartenpflanzen beispielsweise in einem alten Spülstein oder einem anderen kleinen Behälter Platz finden.

Legen Sie in Ihrem Garten mehrere Miniaturgärten an. Man kann kleine Pflanzen auch in Töpfen halten und auf abgestufte Regale stellen, damit sie ausreichend Licht bekommen. Eine Alternative wäre eine Reihe von Töpfen oder Ampeln, die an einer Stange aufgehängt sind. Miniaturgärten können zur Leidenschaft werden, weil es so viele Pflanzenarten gibt, die sich dafür eignen. Dazu gehört auch eine ganz spezielle Form: der Bonsai.

OPTISCHE GRÖSSE

Mancher betrachtet seinen Garten mit gemischten Gefühlen. Einerseits ist gerade die intime Atmosphäre so ansprechend, während man sich andererseits wünscht, das Grundstück würde größer aussehen. Dieses Dilemma löst man am besten, indem man die Grenzen des Gartens durch Pflanzen verwischt, sodass sie nicht mehr zu erkennen sind. Dadurch entsteht der Eindruck, die Grenzen lägen irgendwo in unsichtbarer Ferne. Diese Illusion lässt sich noch durch Pfade verstärken, die sich schlängeln und sich außer Sicht verlieren. Im Gegensatz zu einem Weg, der offensichtlich an einem Zaun oder einer Mauer endet, hat ein Pfad, der hinter einer Biegung verschwindet, etwas Geheimnisvolles.

Eine weitere Möglichkeit, die Grenzen des Gartens scheinbar aufzuheben, sind optische Täuschungen. Sie gelingen am einfachsten mit Spiegeln. Befestigen Sie einen Spiegel an einer Mauer, ist sie als Grenze nicht mehr erkennbar, und es entsteht der Eindruck, der Garten gehe dort noch viel weiter.

Eine Alternative bieten Pinsel und Farbe. Ein Trompe-l'Œil an einer Mauer kann eine echte Bereicherung sein. Selbst eine naive, romantische Szenerie, die aus der Nähe niemanden zu täuschen vermag, kann einen Garten größer wirken lassen, wenn man sie aus einiger Entfernung betrachtet. Eine realistische Malerei vermittelt um so mehr den Eindruck, der Garten setze sich jenseits eines gemalten Durchgangs weiter fort.

OPTISCHE TÄUSCHUNGEN – SPIEGEL

Spiegel sind wahre Illusionskünstler. Im Bad mögen sie einem noch die Wahrheit sagen, vor allem am frühen Morgen. Im Garten dagegen gaukeln sie dem Betrachter eine Größe vor, die tatsächlich nicht vorhanden ist.

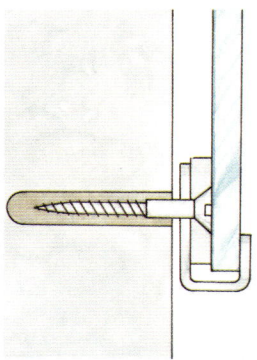

Spiegelklammern halten einen Spiegel, ohne dass die Schrauben sichtbar sind. Die unteren Klammern stehen fest, die oberen werden mit einer Feder herabgezogen, um den Spiegel zu halten.

EINEN SPIEGEL BEFESTIGEN

Ein Spiegel muss sicher an einer Mauer oder einem Zaun befestigt werden. Er sollte aus dickem Glas bestehen und eine wasserfest beschichtete Rückseite haben. Spiegel im Freien halten nicht ewig, weil die Beschichtung unter Wind und Wetter leidet. Den Verfall kann man aber verlangsamen, indem man Wasser von der Rückseite fern hält. Man kann einen Spiegel mit Zement auf der Mauer befestigen, das macht es jedoch schwierig, ihn später auszutauschen. Wenn das Mauerwerk arbeitet, bricht der Spiegel. Günstiger sind spezielle Spiegelklammern aus dem Fachhandel. Zusätzlich kann man die Kanten mit Silikon versiegeln, das man auch im Bad verwendet, oder den Spiegel in einen Rahmen setzen, der auf die Wand geschraubt wird.

Ein Spiegel an einer Mauer reflektiert einfach, was sich vor ihm befindet, und vermittelt so den Eindruck, dieses Bild liege hinter der Wand. Die Illusion geht verloren, wenn man Spiegel und Reflexion auf den ersten Blick als solche erkennt. Wird der Spiegel aber geschickt versteckt, indem man ihn durch Kletterpflanzen einrahmt, kann er durchaus die Illusion vermitteln, das Spiegelbild sei ein Durchblick in einen weiteren Teil des Gartens, der dadurch größer scheint, als er tatsächlich ist.

Der richtige Platz

Der Spiegel sollte so platziert werden, dass er etwas reflektiert, das zu duplizieren sich lohnt. Ideal ist ein Winkel, in dem sich der Betrachter nicht selbst sehen kann, denn dadurch würde die Illusion zunichte gemacht. Der Betrachter sollte die Umkehrung dessen sehen, was er vor sich hat. Wenn das reflektierte Bild nicht mit der echten Ansicht übereinstimmt, wird dieses Bild so unvertraut sein, dass es wie eine völlig andere Szenerie wirkt.

Es gelingt am leichtesten, wenn zwischen Spiegel und Betrachter ein größerer Strauch gepflanzt wird, hinter dem sich noch etwas befindet, das der Betrachter – der vor dem Strauch steht – nur im Spiegel sehen kann. Aber selbst ein vertrauter Gartenbereich kann aus einem veränderten Blickwinkel ganz anders wirken. Wege oder gepflasterte Flächen, die sich im Spiegelbild vermeintlich fortsetzen, können solche Illusionen wirkungsvoll unterstützen.

Einrahmen

In einem sehr modernen Garten kann ein deutlich sichtbarer Spiegel durchaus passend sein. In allen anderen Fällen ist es günstiger, ihn geschickt zu tarnen, sodass ein Betrachter sich seiner Existenz nicht auf Anhieb bewusst ist und auf die Täuschung hereinfällt. Das gelingt am einfachsten, indem man die verräterischen geraden Kanten des Spiegels hinter üppigen Kletterpflanzen verbirgt.

Eine zweite Möglichkeit wäre, ringsum ein Spalier zu bauen, sodass der Eindruck entsteht, der Spiegel sei ein Durchgang in einen weiteren Gartenbereich.

Glanzlichter

Spiegel zaubern nicht nur Illusionen, sie fangen auch Licht ein und reflektieren es. Man kann Spiegelscherben in Mosaiken (siehe Seite 28–29) auf Mauern verarbeiten. Hängt man kleine Spiegel in Bäumen oder Sträuchern auf, glitzern und funkeln sie, wenn sie sich im Wind bewegen. Weil Spiegel Licht einfangen, bieten sie sich auch dafür an, dunklere Gartenecken aufzuhellen.

Sicherheit

Spiegel sind zwar sehr effektvoll, können aber gefährlich werden, wenn sie zerbrechen. In einem Garten, in dem Kinder spielen, stellen sie zweifellos ein Risiko dar. Auch Menschen, die betagt und/oder unsicher auf den Beinen sind, könnten stolpern und sich verletzen. Hängen Sie Spiegel immer mit Bedacht auf.

Dieser Spiegel verdoppelt die Wasserfläche und vergrößert den Garten optisch. Seine Kanten sind geschickt hinter Kletterpflanzen verborgen.

OPTISCHE TÄUSCHUNGEN – TROMPE-L'ŒIL

Sie hätten gern einen größeren Garten? Leihen Sie sich ein Stück von der Wand des Nachbarn aus – Sie müssen es ihm ja nicht verraten. Malen Sie sich einen Gartenausschnitt auf die Wand, und schon hat Ihr Garten an Größe gewonnen.

FERTIGE TROMPE-L'ŒILS

Im Fachhandel findet man fertige Trompe-l'Œils aus Kunststoff oder Metall, die einfach an der Wand befestigt werden. Zeichnen Sie die Befestigungspunkte an, bohren Sie Löcher vor, und dübeln Sie die Elemente auf die Mauer. Manche sehen allerdings etwas plakativ und nicht sehr überzeugend aus und werden ihrem Zweck nicht wirklich gerecht. In diesem Fall sollte man sie zumindest teilweise mit Kletterpflanzen bedecken, sodass man sie nicht im Ganzen sieht, sondern nur einen diffusen Eindruck gewinnt.

Ein Trompe-l'Œil dient einzig dazu, das Auge zu täuschen. Es ist ein möglichst realistisch gemaltes Bild. So könnte man auf eine Mauer ein geöffnetes Fenster mit Blick auf einen Gemüsegarten malen und dem Betrachter vorgaukeln, Fenster und Ausblick seien tatsächlich vorhanden. Bei genauem Hinsehen wird man die Täuschung natürlich erkennen, aber darum geht es ja nicht. Auf den ersten Blick oder als Hintergrundmotiv hat so ein Bild die gewünschte Wirkung und vermittelt dem Unterbewusstsein den Eindruck, der Garten sei größer, als er wirklich ist.

Motive

Das Motiv können Sie frei wählen. Wenn Sie nur einen flüchtigen Betrachter täuschen wollen, sollten Sie vielleicht den Blick auf einen möglichen weiteren Teil des Gartens als Motiv wählen. Wollen Sie dagegen Besucher beeindrucken, könnten Sie auch eine Szenerie aus einem herrschaftlichen Park wählen.

Soll Ihr Bild Pflanzen darstellen, denken Sie daran, dass sich diese in der Natur mit den Jahreszeiten verändern. Damit es realistisch wirkt, sollten Sie immergrüne Pflanzen wählen, die sich im Jahreslauf nur wenig verändern.

Natürlich müssen Sie sich nicht auf Pflanzen beschränken. Sie könnten eine Gartenlaube oder ein anderes Gebäude malen, das Sie gern hätten, aber aus Platzgründen nicht errichten können. Natürlich kann so ein Wandbild auch ein Kunstwerk sein, das nichts mit dem Garten oder der Gärtnerei im engeren Sinne zu tun hat. Solch ein Trompe-l'Œil kann über die Grenzen des Gartens hinwegtäuschen, aber auch andere Zwecke erfüllen. Es kann beispielsweise einen Hintergrund bilden. Hätten Sie gern eine Eibenhecke hinter einem Staudenbeet, können diesen Wunsch aber nicht verwirklichen, weil dort eine Mauer ist – malen Sie sich die Hecke. Viele Motive eignen sich für solche Hintergrundmalereien, und man kann sie sogar dreidimensional nutzen, indem man beispielsweise eine Statue oder eine bepflanzte Urne davor aufstellt.

Nur Mut

Das größte Problem eines Trompe-l'Œil ist, dass zwar fast jeder einen Strauch pflanzen kann, aber nur wenige ein naturgetreues Abbild davon malen können. Da gibt es nur zwei Lösungen. Sie können jemanden beauftragen oder selbst zum Pinsel greifen und sehen, was dabei herauskommt – Spaß macht es auf jeden Fall. Ein Auftragsbild ist teuer, wird Sie aber auch lange mit Besitzerstolz erfüllen.

Wenn Sie selbst malen wollen, könnten Sie ein Motiv aus einem Buch oder Katalog kopieren. Überziehen Sie das Bild mit einem Raster, und zeichnen Sie ein entsprechend vergrößertes Raster auf der Mauer vor. Zeichnen Sie zuerst die Konturen mit Bleistift ein, dann kolorieren Sie es. An Menschen und Tiere sollten Sie sich als Anfänger lieber nicht gleich heranwagen.

Der Untergrund

Das Bild kann auch auf eine Holzplatte gemalt und dann an der Wand befestigt werden. Das hat den Vorteil, dass man es demontieren kann, wenn man einmal umzieht. Natürlich können Sie auch direkt auf die Mauer oder den Zaun malen, realistischer wirken jedoch Bilder auf einem glatten Untergrund. Eventuell muss

Ein Trompe-l'Œil auf einer Hauswand. Solche optischen Täuschungen bieten sich vor allem für Bereiche an, wo man keine Pflanzen halten kann, etwa wegen des Schattens.

eine Wandfläche daher vor dem Bemalen verputzt oder gespachtelt werden. Selbstverständlich sind nur wetterfeste Farben geeignet.

Wo Sie wollen

Ein Trompe-l'Œil erzeugt nicht nur die Illusion von Weite, es erlaubt Ihnen auch, Ihrem Garten eine neue Umgebung zu schenken. So kann der Blick durch ein Fenster auf eine Wiese mit friedlich weidenden Kühen fallen, auch wenn dieses Fenster in Wirklichkeit nur auf die Rückwand der Garage oder die Mauer des Nachbargartens gemalt ist.

OPTISCHE TÄUSCHUNGEN – UNSICHTBARE GRENZEN

Grenzen definieren die physische Ausdehnung des Gartens, sie markieren die Schwelle zum Nachbargrundstück. Enge Grenzen lassen sich verwischen, indem man sie versteckt. Wenn man sie nicht sieht, scheinen sie auch nicht vorhanden.

Ist der Randbereich des Gartens gut getarnt, spürt man die Grenzen weniger stark. Die einfachste Lösung ist natürlich eine dichte Bepflanzung. Üblich sind Hecken, doch weil sie so regelmäßig wirken, markieren sie die Grenze recht deutlich. Pflanzt man jedoch eine Mischung von Arten in unterschiedlichen Formen und Größen, entsteht keine so harte Linie. Eine gemischte Hecke wirkt eher wie ein Gehölzbeet.

Wege könnten in das Gehölz führen und hinter einer Biegung verschwinden, ehe sie an die Grenze stoßen. Sie verstärken den Eindruck, dass sich hinter dem Gehölz noch ein Bereich anschließt.

Sträucher geben der gemischten Hecke ihre Grundstruktur, man kann sie aber auch mit hohen Stauden kombinieren. Soll die Illusion rund ums Jahr erhalten bleiben, sind Immergrüne sinnvoll. Andernfalls geht der Effekt mit dem Laubfall im Herbst ganz oder teilweise verloren.

Platz ausleihen

Wenn Sie einen kleinen Garten gestalten, empfiehlt sich der Kunstgriff, größere Elemente aus der Umgebung außerhalb des Gartens, beispielsweise Bäume, kurzerhand auszuleihen. Steht im Nachbargarten ein hoher, attraktiver Baum, kann er optisch in den eigenen Garten integriert werden, indem die Grenze zwischen den Grundstücken kaschiert wird. Pflanzt man vor einen Zaun oder eine Hecke Sträucher oder andere Pflanzen, sodass die Begrenzung verdeckt ist, aber der Baumwipfel sichtbar bleibt, entsteht die Illusion, er gehöre zum eigenen Garten. Und dadurch wirkt der eigene Garten natürlich weiter.

Die Grenzen nutzen

Sehr reizvoll sind kleine, lauschige Winkel, in die man sich zurückziehen kann, z. B. eine grüne Laube (siehe Seite 106–107). Wenn Sie die Grundstücksgrenze mit einem breiten Streifen aus Gehölzen bepflanzen, können Sie durchaus ein solches Versteck – oder sogar mehrere – integrieren. Lassen Sie Kletterpflanzen über ein Gerüst wachsen, oder schaffen Sie Nischen im Gehölz, die etwas abseits vom Hauptbereich des Gartens liegen, wo die Hauptaktivitäten stattfinden. Wichtig ist nur, dass zwischen Nische und Gartengrenze genug Grün vorhanden bleibt.

Grenzen auflösen

Nicht alle kleinen Gärten liegen in der Stadt, wo sie von anderen Häusern umgeben sind. Es gibt auch viele kleine Gärten auf dem Land oder am Rand von Ortschaften. In solchen Fällen kann es reizvoll sein, die Grenzen zu öffnen, sodass der Blick auf die angrenzende Landschaft fällt. Die Umgebung wird zum Teil des Gartens und lässt diesen dadurch größer wirken.

Besonders effektvoll ist es, nur Teile der Grenzen aufzulösen, sodass man hier und da einen Durchblick ermöglicht. Eine klassische Lösung ist ein Graben mit einer Hecke oder einem Zaun: Die Grenze ist befestigt, hält Tiere und Passanten fern, bleibt aber vom Garteninneren aus unsichtbar. Es entsteht der Eindruck, der Garten setze sich in der Ferne fort. Der Bau solcher versenkten Grenzen ist aufwendig und kann nicht auf jedem Grundstück vorgenommen werden, doch mit etwas Einfallsreichtum lassen sich ähnliche Effekte mit geringerem Aufwand schaffen.

Rechte Seite: Verschwindet ein Weg zwischen Pflanzen, entsteht der Eindruck, er führe in einen sich anschließenden Teil des Gartens, der in Wirklichkeit gar nicht vorhanden ist.

IN DIE HÖHE – HAUSWÄNDE

Wer gerne viele verschiedene Pflanzen hält, möchte besonders in einem kleinen Garten jeden Quadratzentimeter nutzen. Da sind vertikale Flächen sehr wertvoll, und die Mauern des Hauses und auch der Garage bieten sich an.

Es gibt viele Kletterpflanzen und Wandsträucher, die sich an einer Mauer wohl fühlen. Manche klettern schnell bis ans Dach, andere bleiben kleiner und passen gut unter ein Fenster oder an eine niedrige Mauer. Einige haben eine recht kurze Blütezeit, andere – darunter einige der modernen Rosen – blühen über einen langen Zeitraum. Man kann auch zwei verschieden blühende Kletterpflanzen ineinander wachsen lassen, um die Blütezeit zu verlängern.

Kletterpflanzen mit duftenden Blüten eignen sich besonders zum Begrünen von Hauswänden oder in der Nähe von Sitzplätzen. Dazu gehören Geißblatt (*Lonicera*), Rosen und Jasmin. Am besten pflanzt man sie so, dass ihr Duft durchs offene Fenster ins Haus strömen kann.

Flink versteckt

Wenn Kletterpflanzen eine hässliche Mauer oder ein unansehnliches Gebäude verdecken sollen, sind reine Blattgewächse die beste Wahl. Sie wachsen meist dichter als blühende Arten. Immergrüne Gewächse wie Efeu (*Hedera*) sorgen rund ums Jahr für ein grünes Kleid. Andererseits können auch Laub abwerfende Arten sehr attraktiv sein. Die Jungfernrebe (*Parthenocissus quinquefolia* und *P. tricuspidata*) beispielsweise bildet ein dichtes Geflecht aus Zweigen und Trieben, das auch im Winter interessant aussieht, und ihre prächtige Herbstfärbung entschädigt für die Kargheit im Winter.

Richtig pflanzen

Graben Sie den Boden am Fuß der Mauer gründlich um, und arbeiten Sie dabei reichlich organisches Material, z. B. Gartenkompost, unter. Das Pflanzloch sollte mindestens 30 cm von der Wand entfernt sein. Setzen Sie die Pflanzen dann genauso tief ein, wie sie im Topf standen, und führen Sie sie mit Bambusstäben zur Mauer, an der – je nach Pflanzenart – eine Kletterhilfe angebracht ist.

Einige Pflanzen halten sich mit Luftwurzeln am Mauerwerk fest, die meisten Arten brauchen jedoch eine Kletterhilfe. Eine besonders diskrete Lösung sind Drähte, die horizontal vor der Wand gespannt werden. Man kann auch Spaliere befestigen, doch sind solche Kletterhilfen recht auffällig. Außerdem eignen sie sich eher für kleine Flächen und nicht für große Mauern.

Kübel

Manchmal ist der Boden direkt vor einer Mauer gepflastert. In diesem Fall könnte man einige Platten oder Pflastersteine entfernen und den so frei werdenden Boden bepflanzen. Da ist es meist günstiger, große Kübel zu verwenden, die den Pflanzen reichlich Platz zum Wurzeln bieten. Allerdings trocknen Kübelpflanzen leicht aus und müssen an trockenen Tagen zuverlässig gegossen werden.

DUFTENDE KLETTERPFLANZEN

Actinidia kolomikta (Strahlengriffel)
Akebia quinata (Fingerblättrige Akebie)
Azara microphylla
Itea ilicifolia (Rosmarinweide)
Jasminum officinalis (echter Jasmin)
Lathyrus odoratus (Duftwicke)
Lonicera spp. (Geißblatt)
Magnolia grandiflora (Immergrüne Magnolie)
Osmanthus delavayi (Delavays Duftblüte)
Trachelospermum asiaticum (Sternjasmin)
Wisteria sinensis (Blauregen)

Kletterpflanzen können wunderbare Farbeffekte auf eine triste Mauer zaubern.

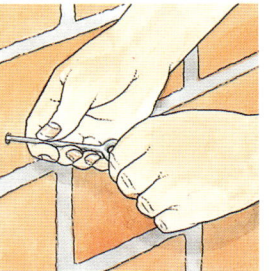

1

Ein Loch in die Mauer bohren, einen Dübel hineinschieben und eine Ringschraube eindrehen.

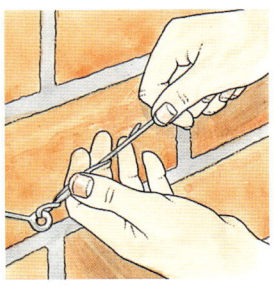

2

Den Draht durch den Ring ziehen, das kurze Ende zurückbiegen und mehrmals um das lange Ende winden.

3

Wenn die Pflanzen größer werden, die Triebe mit Bindfaden oder Kunststoffbindern befestigen.

SPANNDRÄHTE ANBRINGEN

In Abständen von etwa 1,20 m Löcher in die Mauer bohren, Dübel einschieben und in jedes Loch eine Ringschraube drehen. Dann verzinkten Draht durch die Ringe schieben und die Enden gut verdrillen. Die waagerechten Abstände zwischen den Drähten sollten 40–50 cm betragen. Die Wurzelballen mindestens 30 cm vor der Wand entfernt einsetzen und gut angießen. Die wachsenden Triebe regelmäßig mit Blumendraht oder Pflanzenbindern an den Drähten fixieren. Die neuen Triebe im unteren Bereich weit auseinander fächern, damit eine möglichst große Wandfläche bedeckt wird. Je nach Art ist ein Rückschnitt erforderlich.

HOCH HINAUS – BÖGEN UND SÄULEN

Völlig ebene Gärten sind meist langweilig. Viel interessanter wirkt es, wenn man die dritte Dimension einbezieht. Zudem erweitert sich so das Spektrum der Pflanzen, die im Garten wachsen können.

Man kann die Bedeutung der dritten Dimension im Garten nicht oft genug betonen. Erst die Höhe gibt einem Garten Struktur. Wo sie fehlt, erfasst das Auge die gesamte Anlage mit einem Blick. Ragen aber einzelne Elemente empor, wird der Blick unterbrochen, Bereiche sind versteckt und erregen neue Aufmerksamkeit. Durch die Senkrechte tauchen Farbe, Form und Textur in unterschiedlicher Höhe auf, und auch die entstehenden Schatten können reizvoll sein. Insgesamt macht die Senkrechte einen Garten also viel interessanter.

Bögen

Hecken, Zäune oder Trennwände sind Barrieren, die einen Gartenbereich vom anderen trennen und oft die Sicht ganz oder teilweise versperren. Ein Bogen bildet eine Verbindung zwischen zwei Bereichen. Er zieht den Blick auf sich und macht Besucher neugierig auf das, was sich hinter ihm verbirgt. Er ist sozusagen eine Einladung zum Nähertreten.

Es gibt Bögen aus Metall und Holz. Die eleganten unter ihnen kann man unbepflanzt lassen, die einfachen sollte man mit Kletterpflanzen begrünen. In den meisten Gärten, vor allem in kleinen, sind bepflanzte Bögen günstiger. Viele Kletterpflanzen sind geeignet, doch Kletterrosen sind wahre Klassiker für Bögen. Wichtig ist, dass ein Bogen breit genug ist, um bequem hindurchgehen zu können. Auch wenn er üppig bewachsen ist, sollte er noch den Rasenmäher durchlassen. Ein zu enger Bogen kann zum Problem werden, vor allem wenn die Pflanzen auch noch mit kräftigen Stacheln bewehrt sind. Es ist sinnvoll, selbst an breiten Bögen stachellose Pflanzen zu wählen, etwa die Rose 'Zéphirine Drouhin'.

Bögen in Hecken

Man kann auch Heckenpflanzen zu schönen Bögen trimmen. Sie sehen meist ruhiger aus als begrünte Bögen. Lassen Sie die Heckensträucher auf beiden Seiten so hoch werden, dass sie sich zum Bogen zusammenführen und fixieren lassen. Man kann einen metallenen Bogen in der Hecke verstecken, oft reicht es aber, die Zweige zusammenzubinden. Im Lauf der Zeit werden sie kräftiger und dichter, sodass der Bogen wie ein Loch in der Hecke aussieht.

Säulen

Bögen dienen normalerweise als Eingang oder Durchgang in einem Zaun oder einer Hecke. Man kann sie zwar einfach als dekorative Rankhilfe für Kletterpflanzen aufstellen, doch dann wirken sie meist etwas verloren. Als rein dekorative Klettergerüste eignen sich einfache Pfosten oder eine Pergola viel besser. Für Clematis und andere rankende Pflanzen ist es sinnvoll, den Pfosten mit Maschendraht zu umwickeln, an dem die Triebe Halt finden. Pfosten und Rankobelisken werden oft mitten in Beeten platziert, man kann sie jedoch überall dort aufstellen, wo Höhe gewünscht ist – beispielsweise in Abständen beiderseits eines Weges. Zwischen Pfosten kann man auch Seile spannen, an denen die Kletterpflanzen sich halten und schließlich ineinander wachsen können. Auch Bögen sehen reizvoll aus, wenn sie sich über einen Weg spannen. Verbindet man sie miteinander, entsteht ein Laubengang, der im Lauf der Zeit ein grünes Dach bildet.

Oben: Mit Holzpyramiden, Dreibeinen oder einfachen Pfosten kann man bei niedrigen Beeten die Vertikale betonen.

Rechte Seite, unten: Dieser flache Garten wirkt durch erhöhte Bereiche, durch hohe Rankgerüste sowie durch Bäume und Sträucher abwechslungsreich.

1	2	3	4	5
Für einen Pfosten ein ausreichend großes Loch von mindestens 45 cm Tiefe graben.	Den Pfosten gerade ausrichten und mit schräg gestellten Brettern provisorisch fixieren.	Um den Pfosten Schotter schütten und feststampfen, um ihn sicher zu halten.	Die obersten 15 cm mit Beton auffüllen, der ein Gefälle nach außen haben muss.	Die Pflanze in etwas Abstand einsetzen und mit Hilfe eines Stocks an den Pfosten führen.

EINEN BOGEN AUFSTELLEN

Ein Bogen muss starkem Druck durch den Wind standhalten, vor allem, wenn er mit üppig belaubten Pflanzen bedeckt ist. Darum muss er solide im Boden verankert werden. Die senkrechten Elemente sollten mindestens 45 cm tief in den Boden eingegraben und möglichst einbetoniert werden, besonders in windigen Lagen. Den Boden rundum gründlich umgraben und reichlich organische Substanz einarbeiten. Dann ein Loch graben und die Pflanze so tief einsetzen, wie sie im Topf stand. Die Triebe der Pflanze ausbreiten und am Bogen festbinden, sodass sie ihn gleichmäßig bewachsen können.

KLETTERPFLANZEN FÜR BÖGEN

Akebia quinata (Fingerblättrige Akebie)
Campsis radicans (Amerikanische Klettertrompete)
Clematis spp. (Waldrebe)
Phaseolus spp. (Feuerbohne)
Humulus spp. (Hopfen)
Lonicera spp. (Geißblatt)
Rosa spp. (Rose)
Vitis spp. (Wein)

ZWERGENGARTEN

Wer Pflanzen liebt und viele Arten halten möchte, kann bei knappem Platz kurzerhand auf Miniaturformen ausweichen. Weil diese Pflanzen meist auch gut in Hochbeeten gedeihen, eignen sie sich besonders für Gärtner, denen die Arbeit am Boden Mühe bereitet.

Ein Garten kann aus einem einzigen Blumentopf bestehen oder einen Hektar groß sein. Um einen Garten zu gestalten, braucht man keine Beete voller Erde. Er lässt sich auch auf einer Terrasse, in einem Hof, auf einem Balkon, einem Fensterbrett oder einem Flachdach anlegen. Normalerweise denkt man bei solchen Bereichen an eine beschränkte Anzahl von Pflanzen in Kübeln. Indes kann man mit zwergwüchsigen Pflanzen durchaus einen beeindruckenden Miniaturgarten mit schönen Landschaftselementen gestalten.

Bei kleinwüchsigen Pflanzen denkt man zunächst an alpine Arten, doch ist das Spektrum weit größer. Alpine Pflanzen bilden eine spezielle Gruppe. Einige sind pflegeleicht, andere jedoch sind schwierig zu kultivieren und verlangen viel Aufmerksamkeit. Das gilt vor allem für die Arten aus dem Hochgebirge. Eine wichtige Voraussetzung für das gute Gedeihen alpiner Pflanzen ist ein Substrat mit ausgezeichneter Drainage und dennoch gutem Wasserhaltevermögen. Fragen Sie im Gartencenter nach Spezialsubstrat. Jeder Gärtner bevorzugt bestimmte Pflanzenarten, und jede Art bevorzugt andere Standortbedingungen. Die Beschäftigung mit alpinen Pflanzen kann zur Obsession werden, und nicht wenige Gärtner verbringen viel Zeit mit der Pflege ihrer Zöglinge wie auch mit Reisen in deren natürliche Lebensräume. Es ist wirklich ein faszinierender Spezialbereich der Gärtnerei, doch er verlangt Zeit und Hingabe.

Kleine Pflanzen

Wenn Ihnen die Alpinen weniger gut gefallen, sollten Sie sich über all die anderen kleinen Pflanzenarten informieren, die sich für einen Miniaturgarten eignen. Jungpflanzen und Samen sind problemlos zu bekommen, und viele bieten sich zur Gestaltung einer Kleinversion eines konventionellen Gartens an, der weniger Mühe macht als ein Alpinum. Solche pflegeleichten Miniaturgärten sind vor allem für ältere oder behinderte Pflanzenliebhaber eine praktische Lösung.

Einen Miniaturengarten kann man in einem konventionellen Beet, einem Hochbeet oder einer Gruppe von Kübeln anlegen. Mit Steinen lässt sich eine Landschaft gestalten, eingegrabene Schalen mit Wasser werden zu winzigen Teichen. Auch der Maßstab kann variieren. Geeignet sind Beete von mehreren Metern Durchmesser ebenso wie alte Tröge. Selbst in einem Suppenteller könnte man einen winzigen Garten gestalten. Für größere Beete eignet sich Gartenerde, für kleinere Gefäße sollten Sie Spezialsubstrat aus dem Handel verwenden.

Das Gute an kleinen Gefäßen ist, dass man sie auf einen Tisch oder einen Sockel stellen kann. So ist die Pflege auch für Menschen, die sich schlecht bücken können oder gar im Rollstuhl sitzen, kein Problem. Gerade begeisterte Gärtner, denen ihr Hobby aus gesundheitlichen Gründen schwer fällt, werden solche Lösungen gern annehmen.

PFLANZEN FÜR MINIATURGÄRTEN

Neben den zahlreichen Steinbrech-Arten, Sedum, Dachwurz und Thymian sowie kleinen Zwiebelgewächsen wie Krokus und Zwergiris eignen sich die folgenden Pflanzen gut:

Aethionema spp. (Steintäschel)
Androsace sarmentosa (Mannsschild)
Aubrieta x cultorum (Blaukissen)
Campanula cochleariifolia (Zwerg-Glockenblume)
Cyclamen spp. (Alpenveilchen)
Dianthus 'Inshriach Dazzler' (Nelke)
Erinus alpinus (Alpenbalsam)
Erodium reichardii (Reiherschnabel)
Gentiana verna (Enzian)
Juniperus communis 'Compressa' (Wacholder)
Linaria alpina (Alpenleinkraut)
Polygala chamaebuxus
  (Buchsblättriges Kreuzblümchen)

Ein Alpinum sollte so natürlich wie möglich aussehen. Hier zwängen sich niedrige Pflanzen zwischen Steinen hervor.

EINEN STEINGARTEN ANLEGEN

Verwenden Sie möglichst heimisches Gestein, weil es natürlicher aussieht. Wählen Sie nur Steine, die Sie noch heben können, und seien Sie beim Verlegen oder Umlegen vorsichtig. Der Boden für Alpine muss sehr durchlässig sein. Um das zu gewährleisten, mischen Sie zwei Teile normales Pflanzsubstrat mit einem Teil Kies oder Splitt. Versuchen Sie, die Steine möglichst zwanglos anzuordnen, etwa in Reihen, die in ähnlicher Tiefe und mit ähnlicher Neigung im Boden eingesenkt werden. Häufen Sie auf der vorgesehenen Stelle etwas Gartenerde auf, die gut gelockert und von Unkraut befreit ist. Dann die erste Schicht Steine verlegen und mindestens zu einem Drittel in die Erde drücken. Hinter den Steinen Erde einfüllen und die nächste Schicht Steine verlegen. Wieder Erde einfüllen und die Oberfläche mit Steinen bedecken. Dann die Nischen zwischen den Steinen bepflanzen. Sind alle Pflanzen eingesetzt, wird alles sichtbare Substrat mit einer Schicht grobem Kies oder Splitt abgedeckt.

BONSAI

Eine asiatische Spezialform für den Miniaturgarten ist der Bonsai. Die Bonsai-Kultur kann sich – ähnlich wie die Pflege eines Alpinums – zur Obsession entwickeln. Man kann diesem Hobby aber auch auf bescheidene Weise nachgehen und dennoch viel Freude und Befriedigung daran finden. Generell geht es darum, Bäume und Sträucher durch gezielten Rückschnitt von Wurzeln und Trieben so zu erziehen, dass sie in kleinen Gefäßen gedeihen. Diese Kunst wurde ursprünglich in China entwickelt, dann von Japanern übernommen und perfektioniert. Die Technik ist gar nicht so schwierig, um aber gute Resultate zu erhalten, sollte man sich in entsprechenden Fachbüchern über die traditionellen Schnittmethoden informieren. Hauptproblem ist oft, das wenige Substrat in den sehr kleinen Gefäßen nicht völlig austrocknen zu lassen. Das quittiert der Bonsai unvermeidbar mit Blattverlust.

STAURAUM SCHAFFEN

Ein Problem kleiner Gärten ist, dass man Platz für Utensilien braucht — egal, ob man lieber gärtnert oder lieber Gäste empfängt. Gartengeräte und -möbel wollen wettergeschützt untergebracht werden, folglich bleibt für das, was Sie eigentlich im Garten tun wollen, weniger Raum. Sie müssen also vorhandenen Raum optimal nutzen.

Unten: Ein kleiner Schuppen samt Kompostsilo hinter Sträuchern und Kletterpflanzen versteckt — eine ideale Lösung für kleine Gärten.

Rechte Seite, unten: Ein Miniatur-Gewächshaus an der Wand. Man kann auf kleinstem Raum eine verblüffende Anzahl von Pflanzen unterbringen.

Wenn der Platz sehr knapp ist, muss der Stauraum schon bei der Planung berücksichtigt werden, wenn Sie festlegen, wozu ein Garten hauptsächlich dienen soll. Wer einen Rasen hat, braucht einen Rasenmäher — und folglich einen Schuppen, um ihn aufzubewahren. Vielleicht wäre es praktischer, auf Gras zu verzichten und die Fläche lieber zu pflastern, sodass das Mähen entfällt. Günstig sind Gartenmöbel, die sich flach zusammenlegen lassen, damit man sie beispielsweise an die Garagenwand hängen kann. Eine Alternative sind wetterfeste Gartenmöbel (etwa aus Aluminium), die ganzjährig im Freien bleiben können. Wer statt einer Hecke einen Zaun wählt, kann auf eine Heckenschere verzichten.

Kisten

Sicherlich ist ein Schuppen der ideale Aufbewahrungsort für fast alles, was im Garten gebraucht wird. Kisten und Truhen brauchen aber weniger Platz und sind meist groß genug für die wenigen Werkzeuge, die man in einem kleinen Garten unbedingt benötigt. Selbst ein Rasenmäher passt in eine große Kiste, sofern er nicht zu schwer ist, um ihn hineinzuheben. Kisten und Truhen können auch mit anderen Elementen kombiniert werden. Wenn Sie beispielsweise einen Grillplatz mit Sitzgelegenheiten anlegen, könnten die Truhen als Sitzplätze dienen. Wer statt einer Terrasse ein Holzdeck baut, gewinnt darunter wertvollen Stauraum.

Tarnung

Wenn Ihre Einwände gegen einen Schuppen nicht auf Platzmangel beruhen, sondern darauf, dass er in einem kleinen Garten zu auffällig sein könnte, denken Sie über eine gute Tarnung nach. Ein grüner Anstrich lässt ihn mit seiner Umgebung verschmelzen, üppige Kletterpflanzen verstecken ihn noch besser. Wenn der Platz ausreicht, könnte man eventuell vor dem Schuppen Apfelbäume pflanzen und auf Spalier ziehen.

Umfunktionieren

Wenn Sie kleine Kinder haben, werden diese für einige Jahre die Gestaltung des Gartens beeinflussen. Doch sie werden größer — darum sollte man langfristig planen. Es lohnt sich beispielsweise, bei Standortwahl, Bau oder Kauf eines Spielhauses zu überlegen, ob es sich später als Gartenschuppen nutzen lässt.

Gewächshäuser

Viele passionierte Gärtner wünschen sich ein Gewächshaus, um Pflanzen heranzuziehen. Gewächshäuser sind aber teuer und brauchen zudem viel Platz — vor allem in Anbetracht der Faustregel, dass man beim Kauf das Doppelte der vermeintlich benötigten Fläche veranschlagen sollte, weil man später immer mehr Platz braucht, als man zunächst plant. Ein Frühbeet ist zwar nicht so elegant wie ein Gewächshaus, erfüllt aber einen ähnlichen Zweck. Es braucht jedoch weitaus weniger Platz und ist für wenig Geld zu kaufen oder kann sogar mit geringem Aufwand selbst gebaut werden.

1

Mauern Sie eine an drei Seiten geschlossene Ziegelkonstruktion, und decken Sie sie mit Gehwegplatten ab. Setzen Sie darauf noch eine Reihe Steine, so erhalten Sie ein flaches Beet.

2

Schrauben Sie an den beiden Seiten der Öffnung Holzleisten fest, und befestigen Sie daran Türen aus Spaliergitter.

3

Hinter den Türen lassen sich Mülltonnen verbergen, die Pflanzen kaschieren das Ganze als Hochbeet.

①

②

③

UNAUFFÄLLIGE SCHUPPEN

In einem kleinen Garten könnten Sie einen Anlehnschuppen an der Hausmauer oder einem stabilen Zaun errichten. Gehört der Zaun dem Nachbarn, sollten Sie zuerst um Erlaubnis fragen. So ein Schuppen braucht nicht viel Platz, reicht aber aus, um den Rasenmäher und einige Gerätschaften unterzubringen. Konstruieren Sie zuerst ein Gerüst aus Kanthölzern (7,5 x 5 cm). Für Wände und Tür kann man fertige Lamellentüren verwenden, die in unterschiedlichen Maßen erhältlich sind. Man kann die Front auch mit Nut- und Federbrettern schließen. In diesem Fall muss die Tür mit einem Leistenrahmen (5 x 2,5 cm) stabilisiert werden. Für ein einfaches schräges Dach reicht eine preiswerte Sperrholzplatte aus, die mit Dachpappe isoliert wird. Die Fuge zwischen Schuppendach und Zaun (oder Mauer) sollten Sie mit Silikon oder Acryl-Dichtungsmasse ausspritzen, damit dort kein Regenwasser eindringt. Zum Schluss rechts und links Sträucher pflanzen, die den Schuppen so gut wie möglich verdecken.

KÜBELKULTUR

Mit Kübeln kann die Gartengestaltung immer wieder verändert werden. Das liegt natürlich daran, dass man Kübel verschieben kann und so immer neue Kombinationen und Positionen möglich werden. Ferner lässt sich die Bepflanzung problemlos austauschen. Es liegt aber auch an der enormen Auswahl an verschiedenen Gefäßen. Gartencenter und Baumärkte haben ein großes Angebot an Kübeln von unterschiedlichster Beschaffenheit, es lohnt sich aber auch, nach unkonventionellen Gefäßen Ausschau zu halten.

Im Grunde eignet sich jedes Gefäß, in das man Substrat füllen kann, als Pflanzkübel. Manche Behältnisse, die noch vor kurzer Zeit als ungewöhnlich galten, sind heute ganz alltäglich, denn neue Ideen werden durch Zeitschriften und Bücher verbreitet. Verzinkte Gießkannen etwa sieht man immer öfter. Sie haben den Vorteil, dass sie sich natürlich in das Gartenambiente einfügen, ebenso wie alte Eimer, Fässer, Zinkbadewannen und sogar ausgediente Schubkarren. Auch wenn man solche Pflanzgefäße jetzt häufiger sieht – originell sind sie allemal. Selbst alte Schornsteinköpfe oder aufgestellte Tonröhren sind beliebt geworden und eignen sich für eine Reihe von Pflanzen.

Begeisterte Gärtner werden dennoch die Augen nach neuen Alternativen offen halten. Als wahre Fundgruben gelten Trödelmärkte, denn dort findet man vielfältige Objekte, die sich zum Bepflanzen eignen. Sicherlich sind vor allem solche Gefäße als Kübel beliebt, die antik anmuten. Für Sedum und andere Pflanzen, die nur wenig Substrat benötigen, eignen sich aber auch modernere Behältnisse, z. B. ausgediente Radkappen, in die Drainagelöcher gebohrt wurden.

GEFÄSSE UMFUNKTIONIEREN

Welch ein Gefäß Sie auch umfunktionieren möchten, die Grundregeln sind immer gleich. Zunächst muss das Behältnis tief genug sein für die Wurzeln der Pflanzen. Generell ist eine Mindesttiefe von 15 cm erforderlich. Lediglich Sedum, Dachwurz und ähnliche Pflanzen kommen mit einer dünneren Erdschicht aus – für sie würde sogar ein alter Mülltonnendeckel ausreichen.

Außer dem Kübel selbst brauchen Sie ein geeignetes Werkzeug, um Löcher in den Boden zu bohren, sowie einige Steine, gutes Pflanzsubstrat und Kies, Rindenmulch oder Splitt als Abdeckung. Zuerst müssen einige Drainagelöcher in den Gefäßboden gebohrt werden. Ist der Boden nicht eben, müssen sie an der tiefsten Stelle liegen. Schütten Sie dann eine Schicht groben Kies oder kleine Steine auf den Boden. Danach füllen Sie Blumenerde ein. Anschließend setzen Sie Pflanzen Ihrer Wahl ein, und zum Schluss wird das Substrat mit einer Schicht aus Kies, Splitt oder Rindenmulch komplettiert.

Ist der Kübel schlicht, kann er vor dem Bepflanzen bemalt oder mit einem Mosaik beklebt werden. Selbst gewöhnliche Tonblumentöpfe können mit liebevoller Dekoration zu sehr interessanten und individuellen Gefäßen werden. Man kann sie beispielsweise in einer anderen Farbe streichen. Nehmen Sie unbedingt wetterfeste Farbe, sonst ist das Vergnügen nur von kurzer Dauer.

Auch mit Mosaiken oder dreidimensionalen Accessoires lassen sich Kübel dekorieren. Muscheln sind beliebt, sie sehen aber nur gut aus, wenn sie sehr sorgfältig angebracht werden. Man könnte auch Kiesel, größere Steine oder Holz verwenden – Ihrer Phantasie sind keine Grenzen gesetzt. Die Dekoration kann so aufwendig sein, dass das Pflanzgefäß selbst gar nicht mehr zu erkennen ist. Im Extremfall wird sie zu einer Art Skulptur, die rings um das Gefäß aufgebaut wird.

Eine einfache Lösung besteht darin, schlichte Töpfe in ein Schmuckgefäß zu stellen. In einem Einkaufskorb aus Weide beispielsweise finden mehrere Töpfe Platz, und wenn man verblühte Pflanzen jeweils durch frische ersetzt, erhält man immer wieder ein neues Bild.

ES GEHT UM DIE PFLANZEN

Die Grenze zwischen Kreativität und Kitsch ist schmal, und was zunächst eine gute Idee zu sein schien, kann in der Realisierung missglückt wirken. Das Wichtigste sollten immer die Pflanzen sein. Wählen Sie keine Kübel, die die Pflanzen optisch erdrücken. Pflanze und Gefäß sollten sich ergänzen und eine harmonische Einheit bilden.

SCHÖNE KÜBEL –
KONVENTIONELLE GEFÄSSE

Im Fachhandel findet man ein großes Angebot an schönen Pflanzgefäßen. Neben klassischen Kübeln gibt es auch traditionelle Gefäße, etwa Fässer, oder Behältnisse im Ethno-Stil. Auch das Spektrum der Farben ist größer geworden, es reicht von ruhigen Erdtönen bis zu modernen, kräftigen Farben.

Für welchen Kübel Sie sich auch entscheiden, wichtig ist vor allem, dass im Boden mindestens ein Drainageloch vorhanden ist, durch das überschüssiges Gieß- oder Regenwasser abfließen kann. Eine Schicht aus grobem Kies oder Tonscherben auf dem Kübelboden verhindert, dass das Drainageloch verstopft.

Terrakotta

Terrakottakübel stehen seit langem bei vielen Gärtnern hoch im Kurs. Es ist ein gefälliges Material, das mit der Gartenumgebung und den hier wachsenden Pflanzen gut harmoniert. Außerdem gedeihen Pflanzen gut darin. Weil es porös ist, kann Wasser über die Wände verdunsten, und es besteht kaum Gefahr, die Pflanzen zu ertränken (eine häufige Todesursache). Es ist im Sommer kühl und im Winter warm. Manche Terrakottagefäße sind aber nicht frostfest.

Zement und Komposit-Stein

Echte Steingefäße sind meist ziemlich teuer. Imitationen aus Zementguss oder Komposit-Stein (z. B. Eternit) können sehr ansprechend sein. Man sollte diese Imitationen aber mit Bedacht auswählen, weil die preiswerten Qualitäten schnell verwittern können und dann nicht mehr sonderlich attraktiv aussehen.

Kübel aus Zement bekommen mit der Zeit eine Patina, die allerdings nicht ganz so schön ist wie die von Naturstein. Wer diesen Prozess etwas beschleunigen will, sollte Zementkübel mit saurer Milch oder Naturjogurt einpinseln. So finden Sporen von Moosen und Flechten einen Untergrund, auf dem sie haften können und der ihnen Nährstoffe bietet.

Keramik

Bis vor kurzer Zeit war Terrakotta das einzige keramische Material für den Garten, und weil sie unglasiert ist, fand man sie ausschließlich in rötlichen Brauntönen. Inzwischen erobern aber auch glasierte Tongefäße den Markt. Es gibt sie in vielen verschiedenen Farben, einige haben auch Glasurmuster wie Craquelé oder eingeritzte Motive. Grüne, blaue und braune Glasuren sind besonders beliebt, man findet aber auch andere Farben. Das Angebot ist so groß, dass die Auswahl manchmal schwer fällt.

Kunststoff

Die meisten Kunststoffgefäße sehen synthetisch und billig aus, und generell fügen sie sich nicht besonders gut in einen Garten ein. Neuerdings gibt es aber Reproduktionen aus Glasfasermaterial, die verblüffend „echt" wirken – solange man sie nicht berührt. Das Angebot an solchen Reproduktionen reicht von imitierten Bleizisternen bis zu Amphoren und anderen antiken Formen. Kunststoff hat gegenüber allen anderen Materialien den einzigartigen Vorteil, dass er leicht ist. Selbst mit nasser Erde gefüllte Kübel lassen sich noch von einem Ort zum anderen bewegen. Das ist spätestens dann nötig, wenn die Pflanzen ins Winterquartier müssen. Da das Material nicht porös ist, vergrößert sich jedoch die Gefahr von Staunässe.

EINJÄHRIGE UND FROSTEMPFINDLICHE PFLANZEN FÜR KÜBEL

Argyranthemum frutescens (Strauchmargerite)
Begonia Semperflorens-cultorum-Gruppe (Begonie)
Bidens ferulifolia (Zweizahn)
Brachycome iberidifolia (Australisches Gänseblümchen)
Helichrysum petiolare (Strohblume)
Impatiens walleriana (Fleißiges Lieschen)
Pelargonium x hortorum (Pelargonie)
Petunia x hybrida (Petunie)
Verbena x hybrida (Verbene)
Viola x wittrockiana (Stiefmütterchen)

Unten links: Große Urnen und Amphoren sind ausgezeichnete Gefäße für den Garten. Selbst ohne Bepflanzung (im Winter) sehen sie sehr dekorativ aus.

Unten rechts: Große Kübel können zum festen Gartenelement werden, und viele Pflanzen fühlen sich darin wohl. Mit der Zeit bildet sich eine Patina.

Formen

Nicht nur die Auswahl der Materialien hat sich erweitert, sondern auch das Spektrum der Formen. Allerdings ist die Grundform des einfachen Blumenkübels kaum zu übertreffen, und die meisten Pflanzen kommen darin ausgezeichnet zur Geltung. Ein gutes Beispiel sind Pelargonien. Eine Reihe von Töpfen mit Pelargonien auf einer Mauer kann großartig aussehen. Viele andere Formen basieren auf klassischen Vorlagen, etwa die größeren Urnen. Mit den glasierten Keramikgefäßen sind auch neue Formen auf den Markt gekommen.

UNKONVENTIONELLE UND VERFREMDETE GEFÄSSE

Früher benutzte man unkonventionelle, improvisierte Kübel vorwiegend, um sich eine kostspielige Neuanschaffung zu ersparen. Heute benutzt man sie immer öfter, weil sie einen besonderen, originellen Charakter besitzen. Wenn man seinen eigenen Garten gestaltet, kann man auch eigene Kübel kreieren.

KÜBEL ANSTREICHEN

Zuerst die Oberfläche gründlich reinigen und falls erforderlich entfetten. Wenn die Originalfarbe nicht durchschimmern soll, muss der Kübel mit weißer Vorstrichfarbe grundiert werden. Bereiche, in denen die Originalfarbe erhalten bleiben soll, werden mit Malerkrepp abgeklebt. Dekorationen und Ornamente werden mit Gouache-Farben oder Probierdöschen von Dispersionsfarben auf die Grundierung gemalt. Wenn die Farben getrocknet sind, ziehen Sie den Malerkrepp ab und schützen die Oberfläche mit einer Schicht aus mattem Polyurethan-Klarlack.

STAUDEN FÜR KÜBEL
Acanthus mollis (Akanthus)
Agapanthus campanulatus (Schmucklilie)
Dianthus 'Doris' (Nelke)
Diascia vigilis (Diascie)
Euphorbia characias subsp. *wulfenii* (Wolfsmilch)
Hosta 'Gold Standard' (Funkie)
Nepeta x *faassenii* (Katzenminze)
Phormium tenax (Neuseeländer Flachs)
Primula vulgaris (Schlüsselblume)
Stachys byzantina (Ziest)

Fast jedes hohle Gefäß eignet sich als Pflanzkübel, der Phantasie sind kaum Grenzen gesetzt. Man kann die Gefäße in ihrer eigentlichen Form verwenden oder nach Bedarf umgestalten. Ein Beispiel für eine Umgestaltung ist eine dünne Metallplatte, die gedrückt und gebogen wird, bis sie eine Kübelform hat. Alte Gartenutensilien wie Gießkannen, Eimer oder ausgediente Schubkarren können als Pflanzgefäße einen zweiten Frühling erleben. Schon wegen ihres ursprünglichen Zwecks fügen sich solche Gefäße ausgezeichnet in den Garten ein.

Es gibt eine Menge Objekte, die sich als witzige Kübel eignen. Man könnte beispielsweise alte Wanderstiefel oder Gummistiefel mit Substrat füllen und bepflanzen. Das sieht originell aus und wirkt im Garten keineswegs fehl am Platz. Auch ein alter Hut eignet sich als neue Heimat für eine Pflanze. Gewiss, solche Dekorationen sind nicht sehr lange haltbar, weil sie verrotten oder verschleißen, aber das ist ja gerade ihr Vorteil: Wenn sie zu alt werden, nutzt sich sowieso ihr Witz ab, und sie werden langweilig.

Sogar alte Toilettenbecken eignen sich als Pflanzkübel, wenn man sie mit Bedacht aufstellt. Es ist eher ungeschickt, sie mitten auf dem Rasen zu platzieren, wo man sie auf den ersten Blick sieht. Stellt man sie aber in einen versteckten Winkel, können sie ganz witzig sein. Auch sie sollten nicht länger als eine Saison oder höchstens zwei an ihrem Platz bleiben. Vor allem Freunde, die Ihre Idee nachgeahmt haben, werden bald nicht mehr darüber lachen können.

All diese ungewöhnlichen Objekte sollte man sparsam einsetzen. Ein altes Toilettenbecken voller Blumen mag lustig sein, mehrere davon sind befremdlich.

Der richtige Kübel zur Pflanze

Bestimmte Kübeltypen passen zu manchen Pflanzengruppen besser als zu anderen. Pflanzen mit langen oder weitläufigen Wurzeln gedeihen am besten in hohen Kübeln. Eine Funkie fühlt sich in einem alten Kochtopf wohl. Sedum und Dachwurz dagegen passen besser in eine Miniaturlandschaft, die sogar in einem Mülltonnendeckel oder einer alten Radkappe Platz findet.

Die Pflanze sollte optisch mit dem Gefäß harmonieren. Funkien passen gut zu eher nüchternen Gefäßen, etwa dem schon erwähnten Kochtopf. Leuchtend bunte Einjährige dagegen kann man in die verschiedensten Töpfe setzen. Kleine, kräftig blaue Kornblumen beispielsweise sehen in einer alten Konservendose, an der noch der Deckel hängt, niedlich aus – wie ein frischer Blumenstrauß, der kurzerhand in die Dose gesteckt wurde.

Es ist schwierig, eine Grenze zwischen originellen und unpassenden „Umwidmungen" zu ziehen. Ein Gärtner kann aus einer Reihe von Konservendosen ein pfiffiges Ensemble gestalten, das einen reizvollen Blickfang abgibt, während bei einem anderen Gärtner die gleichen Dosen eben nur wie leere Konservendosen aussehen. Betrachten Sie Ihre Kreationen kritisch, und wenn Sie Zweifel an ihrer Wirkung haben, verwerfen Sie die Idee lieber.

Drainage

Vergessen Sie nicht, dass jede Art von Kübel Drainagelöcher im Boden haben muss. Bohren Sie diese immer an der tiefsten Stelle des Bodens, damit sich kein stehendes Wasser sammeln kann. Verfaulte Wurzeln erholen sich nicht mehr.

Sauber beschnittener
Buchsbaum in einer rostigen
„Krone": eine gelungene
Kombination.

IN BEWEGUNG –
KÜBEL NEU GRUPPIEREN

Ein großes Plus bei Kübeln ist, dass man sie immer mal wieder umstellen kann, sofern sie nicht allzu groß und schwer sind. So lässt sich die Gartenszenerie nach Belieben, nach Jahreszeit und Stimmung verändern. Je nachdem, welche Pflanzen gerade blühen, wirken solche Gruppen im Frühjahr ganz anders als im Spätsommer.

Für den mobilen Garten gibt es zwei Gestaltungsansätze. Der eine besteht darin, die Töpfe und Kübel von Zeit zu Zeit umzustellen und neu zu gruppieren. Das kann man frei nach Laune tun, aber auch ganz systematisch. Manchmal hat man einfach Lust auf eine Veränderung, manchmal sieht aber auch eine Pflanze besser aus als eine andere und sollte darum in den Vordergrund gerückt werden.

Die zweite Möglichkeit besteht darin, die Kübel in einem Zwischenquartier aufzubewahren, etwa im Gewächshaus oder am Rand des Gemüsebeets, und erst zu präsentieren, wenn die Pflanzen in Blüte stehen. Zwiebeln und Knollen beispielsweise können in ihren Töpfen bleiben und in einer Gartenecke versteckt werden, bis sie im nächsten Frühling wieder austreiben. Ist der Platz sehr knapp, kann man die Zwiebeln auch herausnehmen und die Kübel während des Sommers anderweitig bepflanzen, etwa mit bunten Einjährigen. Auf diese Weise sorgen Sie dafür, dass Ihre Blumendekoration immer prächtig aussieht.

Der Topfgarten

Besteht Ihr „Garten" aus einer gepflasterten Fläche, können Pflanzen ausschließlich in Kübeln und Töpfen gehalten werden. Es ist erstaunlich – selbst Gemüse gedeiht in Kübeln. Gruppen von Kübeln können verschiedene Gartenbereiche markieren, etwa eine Gruppe für Gemüse, eine andere für leuchtend bunte Sommerblumen, Kräuter, Sträucher und sogar einige Schnittblumen.

Atmosphäre schaffen

Kübelpflanzen sind ideal, wenn der Garten wie ein Zimmer im Freien genutzt wird. Man kann Pflanzen ins Haus stellen, um dort eine andere Atmosphäre zu schaffen, ebenso kann man aber auch Zimmerpflanzen im Sommer mit ins Freie nehmen – leuchtend bunte für eine fröhliche Feier, pastellfarbene für eine eher romantische Szenerie, etwa ein Candle-light-Dinner an einem lauen Sommerabend. Auf der Terrasse bietet sich der Platz neben dem Esstisch für duftende Pflanzen an, ist aber auch praktisch für Kräuter, die man frisch zum Essen erntet, vor allem für Salat.

Schwergewichte

Große Kübel sind außerordentlich schwer, wenn sie einmal mit Erde gefüllt sind. Und ist die Erde auch noch nass, lassen sie sich kaum noch bewegen. Solche Gefäße sollten an ihren endgültigen Standort gebracht und erst dort gefüllt und bepflanzt werden. Selbst kleinere Kübel füllt man besser an Ort und Stelle, vor allem, wenn sie eine ungewöhnliche Form haben, wodurch sie sich schlecht tragen lassen. Generell ist für den Kübelgärtner eine robuste Sackkarre eine sehr lohnende Anschaffung – sofern entsprechender Stauraum vorhanden ist. Es gibt auch Untersätze mit kleinen Rollen.

ZWIEBELN UND KNOLLEN FÜR DEN KÜBEL

Begonia x tuberhybrida (Begonie)
Chionodoxa luciliae (Schneeglanz)
Crocus chrysanthus (Krokus)
Cyclamen hederifolium (Alpenveilchen)
Galanthus nivalis (Schneeglöckchen)
Hyacinthus orientalis (Hyazinthe)
Iris reticulata (Iris)
Muscari armeniacum (Traubenhyazinthe)
Narcissus tacetta (Tazette)
Tulipa kaufmanniana (Tulpe)

STRÄUCHER FÜR DEN KÜBEL

Acer palmatum var. dissectum (Zierahorn)
Buxus sempervirens (Buchsbaum)
Convolvulus cneorum (Winde)
Cordyline australis (Keulenlilie)
Fuchsia magellanica (Fuchsie)
Hydrangea macrophylla (Hortensie)
Laurus nobilis (Lorbeer)
Rhododendron yakushimanum (Rhododendron)
Skimmia japonica (Skimmie)
Yucca gloriosa (Palmlilie)

Eine Sammlung von Treib-
gefäßen. Diese Gefäße eignen
sich zwar nicht zum Bepflanzen,
doch sie sind sehr dekorativ.
Hier wird deutlich, wie wichtig
es ist, verschiedene Höhen zu
arrangieren.

DIE HÖHE VARIIEREN

In einer größeren Gruppe von Kübeln sieht es gut aus, wenn man die Höhe variiert,
sodass die Pflanzen nicht wie ein Sammelsurium wirken, das hier zufällig entstanden
ist. Hohe Pflanzen stellt man am besten nach hinten, Blatt- und Blühpflanzen sollten
einander abwechseln. Farben, die weniger gut harmonieren, etwa Orange und Pink,
stellt man besser nicht unmittelbar nebeneinander. Sind die Töpfe doch einmal
gleich hoch, kann man die hinteren auf einen Sockel aus Ziegelsteinen oder umge-
stülpte Blumentöpfe stellen. Sollen mehrere Töpfe angehoben werden, ist ein Regal
sinnvoller, das aber wegen des Gewichts der Töpfe sehr solide sein muss.

VON OBEN HERAB –
KÜBEL AUF HOHEM NIVEAU

Die meisten Menschen denken bei Kübeln an einige geschickt aufgestellte Töpfe neben dem Eingang oder auf der Terrasse. Pflanzgefäße müssen aber gar nicht unmittelbar auf dem Boden stehen. Man kann sie auf Mauern stellen oder an Fenstersimsen befestigen, in Bäumen oder an einem Dachvorsprung aufhängen; Blumenampeln werden oft vergessen. Auch Balkone und Flachdächer bieten sich als Stellflächen für Kübel an.

Blumenkästen sind sehr praktisch, und sie müssen nicht unbedingt auf der Fensterbank stehen, so wie man es meistens sieht. Weil sie oft recht geräumig sind, passen mehrere Pflanzen hinein. So kann man in einem Blumenkasten schon einen Miniaturgarten anlegen – ganz nach Geschmack kunterbunt oder eher dezent. Kästen haben den Vorzug, dass man sie fast überall anbringen kann. Das Fenstersims ist traditionell eine gute Lösung, wenn der Kasten gut fixiert wird. Nur vor Fenstern, die sich nach außen öffnen, sind Kästen meist sehr unpraktisch. In diesem Fall sollte man den Kasten etwas tiefer an der Mauer vor dem Fenster anbringen, sodass sich die Fenster darüber öffnen lassen.

Man kann Pflanzgefäße auch an kahlen Mauern anbringen, die dadurch gleich viel lebendiger wirken. Im Fachhandel findet man eine ganze Reihe von Formen, meist aus Keramik oder Kunststoff, die speziell für die Wandbefestigung gefertigt sind. Die meisten sind nicht rund, sondern haben eine abgeflachte Seite, die an der Mauer anliegt. Oft reicht zur Befestigung ein großer Haken oder Nagel aus.

Hängende Pracht

Ampeln bieten eine weitere Möglichkeit, Pflanzen in luftiger Höhe zu präsentieren. Es gibt viele Pflanzen mit hängenden Trieben und schönen Blütenfarben, die sich perfekt für solche Gefäße eignen. Wo kein Überhang zum Befestigen vorhanden ist, bietet sich ein Metallwinkel an, der an eine Mauer geschraubt wird. Schön sehen auch Pfosten und Bögen in den Beeten oder an den Wegen aus, an denen Ampeln hängen – vielleicht sogar abwechselnd mit einer Laterne.

Sicherheit

Sobald man Kübel vom festen Erdboden anhebt, erhöht sich zwangsläufig das Unfallrisiko. Es ist wichtig, alle Kübel sicher an einer Mauer oder einem anderen stabilen Element zu befestigen. Ein Blumenkasten mag recht fest auf einem Fenstersims stehen, doch kann ihn ein starker Wind leicht zu Boden reißen. Sparen Sie nicht an Schrauben und Ketten.

Wasser-Management

Das größte Problem von Kübeln und Töpfen ist das Wässern. Mindestens einmal täglich muss gegossen werden, an heißen Tagen sogar öfter. Das ist schon mühsam bei Kübeln, die auf dem Boden stehen, aber es ist erst richtig anstrengend, eine volle Gießkanne in Kopfhöhe zu heben. Mit einem Schlauch, der an einen Besenstiel gebunden wird, kann man problemlos auch in größerer Höhe wässern. Eine Alternative sind spezielle Kannen mit einer langen, am Ende gebogenen Tülle, die einen Pumpmechanismus haben.

Aufs Dach steigen

Manche Menschen, die in Wohnungen leben, besitzen gar keinen Garten. Viele haben aber einen Balkon oder sogar einen Zugang zum Flachdach. Beide Bereiche eignen sich ausgezeichnet für einen Kübelgarten. Ehe Sie ihn anlegen, stellen Sie aber sicher, dass die Statik stabil genug ist, um das Gewicht zu tragen. Dachflächen

Links: Es kann schon ausreichen, einen Kübel ein bisschen
vom Erdboden anzuheben:
Er wirkt jetzt majestätisch.

Stellen Sie den Ampelkorb
auf einen Eimer, und legen
Sie das Vlies hinein.

Dann etwas Erde einfüllen
und die Wurzeln der seitlichen
Pflanzen durch Schlitze im
Vlies schieben.

Etwas restliche Erde einfüllen
und die übrigen Pflanzen nor-
mal von oben einsetzen.
Gründlich wässern.

EINEN KORB BEPFLANZEN

Stellen Sie den Ampelkorb auf einen Eimer, damit der Korb beim Bepflanzen nicht wackelt. Legen Sie den Korb mit einem passenden Vlies aus, dann etwas Pflanzsubstrat einfüllen. Seitlich auf Höhe des Sub-strats drei oder mehr Schlitze in das Vlies schneiden und von außen die Wurzelballen kleiner Hängepflanzen hindurchschieben. Am besten spült man die Wurzeln vorher gründlich ab und hüllt sie in ein Stück feuchten Küchenkrepp. Die so umhüllten Wurzeln durch die Schlitze nach innen schieben, das Papier abnehmen und die Wurzeln wieder ausbreiten. Dann bis zum Rand Substrat einfüllen, andrücken und die übrigen Pflanzen von oben einsetzen. Bei Bedarf Substrat auf-füllen oder abnehmen – es soll bis 3 cm unter den Korbrand reichen. Gründlich gießen und aufhängen.

müssen eventuell verstärkt werden, damit man sie begehen und mit Kübeln deko-rieren kann. Flachdächer mit einem Bleibelag – sofern man sie noch antrifft – sehen zwar elegant aus, aber Blei ist weich und bekommt leicht Löcher. Hier wäre ein aufmontiertes Holzdeck eine denkbare Lösung. Wenn Sie beim Gestalten eines Dachgartens unsicher sind, sollten Sie immer einen Fachmann befragen. Selbst ein Schrägdach lässt sich bepflanzen. Drücken Sie einen Klumpen feuchte Erde auf die Pfannen, und pflanzen Sie ein kleines Sedum oder eine Dachwurz. Die Pflanze breitet sich aus und nutzt Staub und Schmutz als Nährboden.

IM FREIEN LEBEN

Sofern Ihr kleiner Garten nicht nur als Abstellplatz für allerlei Krimskrams dient, werden Sie ihn auf die eine oder andere Weise zum Entspannen nutzen wollen. Kinder finden es unterhaltsam, zu rennen und zu spielen. Manche Erwachsene entspannen sich bei der Gartenarbeit. Für die meisten anderen bedeutet Entspannung aber hauptsächlich, einfach in der Sonne oder im Schatten zu sitzen oder zu liegen, vielleicht zu dösen oder zu lesen.

Wenn der Garten also eine Bedeutung für Ihr Leben haben soll, dann sollte er zum Mittelpunkt Ihrer Entspannungsphasen werden. Empfinden Sie ihn als Last, dann ist etwas nicht in Ordnung und muss dringend korrigiert werden. Verändern Sie die Gestaltung, bis der Pflegeaufwand, der unvermeidlich ist, zu Ihren Lebensgewohnheiten passt. Im Extremfall kann das bedeuten, den Garten komplett zu betonieren und einen Liegestuhl hineinzustellen. Wenn sich dadurch Ihre Lebensqualität verbessert, ist es die richtige Lösung für Sie.

Viele Menschen empfinden ab und zu ein Stündchen Jäten und Beschneiden als befriedigend und durchaus auch entspannend. Schämen Sie sich nicht, wenn Sie nicht zu ihnen gehören. Ihr Garten sollte Ihren Lebensgewohnheiten entsprechen, und dazu gehören auch die Entspannungsgewohnheiten. Ein Garten ist kein Statussymbol und sollte auch nicht in Konkurrenz zu dem der Nachbarn gestaltet werden – dabei büßen Sie wertvolle Zeit ein, in der Sie ihn einfach nur genießen könnten.

SITZEN

Viele Menschen ruhen öfter in ihrem Garten, als dass sie etwas anderes tun. Es lohnt sich, daran schon bei der Gestaltung oder der Umgestaltung zu denken. Man sollte sowohl Flächen im Schatten als auch in der Sonne vorsehen, sodass man Gartenstühle problemlos nach Bedarf verschieben kann, ohne dass sie gleich wackeln, sobald man das Gewicht verlagert. Schön ist auch ein ganz privates Eckchen, abgeschirmt von hohen oder halbhohen Pflanzen, in das man sich zum Lesen oder Träumen zurückziehen kann – weit genug entfernt von den anderen Mitgliedern des Haushalts.

Für viele Menschen ist der Inbegriff von Entspannung, sanft in einer Hängematte zu schaukeln, zu schlafen oder zu lesen, mit einem Getränk in bequemer Reichweite. Es gibt keinen Grund, diesen Wunsch nicht zu verwirklichen, vorausgesetzt natürlich, Sie nehmen sich ab und an die Zeit, so ein erholsames Plätzchen auch zu nutzen.

SCHATTENPLÄTZE

Immer mehr Menschen sind sich der Gefahren bewusst, die mit intensiver und ausdauernder Sonnenbestrahlung verbunden sind. Früher wurden Terrassen so angelegt, dass sie möglichst viele Sonnenstunden bekamen. Heute gilt es als vernünftiger und auch angenehmer, sich im Schatten aufzuhalten. In manchen Gärten ist durch einen großen Baum natürlicher Schatten vorhanden, in anderen muss erst für Schatten gesorgt werden. Das ist nicht schwierig und bietet außerdem interessante Gestaltungsmöglichkeiten.

DRAUSSEN ESSEN

Das Essen im Freien wird immer beliebter, mit der Familie ebenso wie mit Gästen. Man braucht dafür eigentlich nicht mehr als eine ebene Fläche, auf der ein Tisch und Stühle Platz finden. Weil aber Schattenplätze immer beliebter werden, sind Pergolen, Bögen oder andere Schattenspender vonnöten. Am Abend darf am Essplatz im Freien eine gute Beleuchtung nicht fehlen. Sanftes Licht und duftende Pflanzen schaffen eine wunderbar romantische Verwöhnatmosphäre.

IM FREIEN KOCHEN

Natürlich kann man das Essen in der Küche zubereiten und dann nach draußen tragen. Eine praktische und sehr beliebte Möglichkeit ist aber ein Grill im Garten. Es macht einfach Spaß, gleich vor Ort zu kochen. Im Grunde reicht eine ebene Stellfläche für den Grill aus. Sehr schön sind aber auch gemauerte Grillplätze, die einen festen Bestandteil des Gartens bilden, aber dafür muss man ein echter Grillfreund sein.

ENTSPANNEN – KONVENTIONELLE SITZPLÄTZE

Das Geschäft mit Gartenmöbeln boomt, der Handel hat für jeden Geschmack und jedes Budget etwas zu bieten. Wenn man sich nicht sicher ist, sollte man zunächst etwas Preiswertes erstehen und später erst hochwertigere Möbel wählen.

Wer Stühle kauft, sollte sie unbedingt vorher ausprobieren. Es gibt so viele verschiedene Modelle, dass es sinnvoll ist, mehrere zu vergleichen und das bequemste zu wählen. Manchmal muss man sich auch zwischen gutem Aussehen und Sitzkomfort entscheiden, weil diese Aspekte leider nicht immer miteinander einhergehen. Im Zweifel ist die Bequemlichkeit das wichtigere Kriterium.

Es gab eine Zeit, da hatten alle Gartensessel ein Klappgestell aus Aluminiumrohr und eine Nylonbespannung. Zum Glück hat sich die Mode gewandelt. Solche Stühle sind aber noch preiswert zu bekommen, manchmal auch gebraucht, und mit ein paar Kissen sind sie durchaus akzeptabel. Sie bieten sich als Reservemöbel an, die sich praktisch verstauen und schnell hervorholen lassen, wenn einmal mehr Besuch kommt als angekündigt. Heute sind die preiswertesten Sitzmöbel Blocksessel aus Kunststoff. Sie sind nicht gerade schön, aber überraschend bequem. Außerdem sind sie so robust und unempfindlich, dass man sie ganzjährig draußen stehen lassen kann. Allerdings werden sie nicht so schnell unansehnlich, wenn man sie im Winter verstaut. Diese Stühle lassen sich zwar nicht zusammenklappen, aber stapeln. Es gibt sie in Weiß, Grün, Braun und vereinzelt in weiteren Farben, und man kann sie ins Haus holen, wenn einmal zusätzliche Sitzgelegenheiten gebraucht werden.

Rattanmöbel sind ebenfalls recht preiswert und leicht, doch muss man sie im Winter und möglichst auch bei Regenwetter ins Haus holen, weil sie sonst schnell aufweichen und Schaden nehmen.

Aufrecht sitzen

Die Auswahl an Holzmöbeln ist in den letzten Jahren ebenfalls erheblich gewachsen. Manche sind preiswert, andere haben horrende Preise. Einige der preiswerten Sitzmöbel sehen auch billig aus, aber der Preis lässt durchaus nicht immer auf die Qualität schließen. Statt im Versandhandel zu kaufen, sollte man sich solche Möbel vor dem Kauf genau ansehen, um Enttäuschungen zu vermeiden.

Neben hölzernen Stühlen werden auch Bänke angeboten. Stühle können zum aufrechten Sitzen gedacht sein, etwa am Tisch. Es gibt aber auch eine Fülle von Stühlen mit verstellbarer Rückenlehne. Viele bestehen aus Hartholz, das ohne weitere Schutzbehandlung auskommt. Ein jährlicher Anstrich mit umweltverträglichem Holzschutzmittel ist dennoch empfehlenswert. Mindestens aber sollte man mit einer kräftigen Bürste oder einem Hochdruckreiniger Flechten und Algen entfernen, die sich vor allem im Schatten schnell bilden. Achten Sie beim Kauf von Hartholzmöbeln darauf, dass sie aus Plantagenholz gefertigt wurden.

Handelsübliche Sitzmöbel werden auch aus Metall angeboten. Oft sind es Gussmöbel mit mehr oder weniger kunstvollen Mustern und Verzierungen. Die Legierungen sind pflegeleicht, nur Möbel aus Eisen oder Stahl müssen von Zeit zu Zeit gestrichen werden, damit sie nicht rosten. Metall ist kälter und härter als Holz, ein Kissen daher unerlässlich, wenn man länger darauf sitzen will.

Bequem zurücklehnen

Neben den herkömmlichen Stühlen mit aufrecht stehender Lehne gibt es eine Fülle von Gartenmöbeln, die speziell zum Entspannen konzipiert sind. Sonnenliegen sind eigentlich Feldbetten, die man in der Sonne und im Schatten aufstellen kann. Früher bestanden sie aus Aluminiumrohr mit Stoffbespannung, heute gibt es auch Modelle aus Kunststoff, Holz und sogar Metallgeflecht. Ungepolstert sind diese Liegen unbequem, deshalb werden für die meisten Modelle passende Auflagen angeboten.

Besonders luxuriöse Sonnenliegen hängen an einem Gestell, in dem man beim Sitzen oder Liegen sanft schaukeln kann. Meist ist in das Gestell auch ein Sonnendach integriert.

MÖBEL VERSTAUEN

Gartenmöbeln bekommt es besser, wenn sie den Winter nicht im Freien verbringen müssen. Garage, Keller oder Schuppen, sofern vorhanden und groß genug, sind gute Winterlager. Stapelmöbel kann man auch fest in eine Plastikplane wickeln und draußen lassen. Es gibt zwar spezielle Hüllen für Gartenmöbel, doch eignet sich letztlich jedes robuste, wasserfeste Folienmaterial. Vor dem Einlagern sollten die Möbel gereinigt und auf Schäden hin kontrolliert werden. Holzmöbel sollten jetzt auch ihren Schutzanstrich bekommen, der vor dem Verstauen jedoch trocken sein muss.

ENTSPANNEN – UNGEWÖHNLICHE SITZMÖBEL

Zwar sollten Sitzplätze grundsätzlich bequem sein, doch es gibt auch Ausnahmen, bei denen das Aussehen einmal dominieren darf. Auf einigen kann man – mehr oder weniger bequem – für eine kurze Weile sitzen, andere dienen ausschließlich dekorativen Zwecken.

Baumbänke

Wenn Sie einen großen Baum im Garten haben, sollten Sie einmal über eine Baumbank nachdenken. Es gibt fertige Modelle, die aber meist recht teuer sind. Mit etwas Geschick und einem scharfen Blick auf Abbildungen solcher Bänke kann man sie aber auch selbst bauen. Wichtig ist, dass der Stamm in der Mitte auch auf Dauer genug Platz zum Wachsen hat. Besonders elegant sehen solche Bänke aus, wenn man sie weiß streicht. Sonderlich gesellig sind sie aber nicht, weil alle Benutzer mit dem Rücken zur Mitte sitzen und so einander nicht ansehen können.

Duftend und bequem

Ein Klassiker aus England sind Rasensitze, und der Kamillensitz ist eine gelungene Weiterentwicklung. Die Pflanzen duften herrlich, wenn man sich darauf setzt. Wie für den klassischen Rasensitz braucht man einen Kasten aus Holz oder Stein, der mit Erde gefüllt und mit Kamille bepflanzt wird. Geeignet ist hierfür nur die englische Rasenkamille *(Chamaemelum mobile 'Treneague')*. Das ist eine robuste, sehr niedrige Art, die keine Blüten bildet. Man setzt die Pflanzen mit 15 cm Abstand in versetzten Reihen ein und gießt regelmäßig, bis sie angewachsen sind. Von Zeit zu Zeit muss das Polster geschoren werden.

Historisches Modell

Ein sehr altmodisches Sitzmöbel hört auf den Namen „Tête-à-tête". Es ist eine wie ein großes S geformte Bank. Früher benutzte man solche Bänke auch in Innenräumen. Sie erlaubten intime Gespräche, schränkten aber die sonstige Annäherung auf ein schickliches Maß ein. Sicherlich würde man ein solches Sitzmöbel im Garten nicht allzu oft benutzen, doch es eignet sich für einen Platz, wo man ab und zu verharren möchte, um einen speziellen Anblick zu genießen.

Ein anderes, sehr viel praktischeres Relikt aus der Vergangenheit ist die rollbare Liege. Sie hat an einem Ende Räder und am anderen Griffe, sodass sie aussieht wie eine Kombination aus einer Liege und einer Schubkarre. Der Sinn dieser Konstruktion ist, dass man das Möbel ganz nach Bedarf bequem an jeden gewünschten Platz fahren kann, ohne es komplett anheben zu müssen.

Second-Hand-Stühle

Als zwanglose Sitzgelegenheit bieten sich auch gebrauchte Stühle an, die in vielen Varianten erhältlich sind. Allerdings werden sie zunehmend rar, und man kann sie neuerdings immer seltener beim Trödler finden. Man erhält sie nun eher im Antiquitätengeschäft – was sich auf die Preise auswirkt. Viele sind zudem in schlechtem Zustand und eignen sich gelegentlich als Dekorationsobjekt. Man kann aber auch Stücke finden, die man aufarbeiten und auch einmal benutzen kann, beispielsweise als Reserve, wenn viele Gäste kommen.

Bodenhaftung

Übersehen Sie nicht die Sitzgelegenheit, die jedem kostenlos zur Verfügung steht: den Boden. Mehr als eine Decke und ein paar Kissen braucht man nicht.

Linke Seite, unten: Eine normale
Holzbank hat ein Polster aus
englischer Rasenkamille erhalten, die wunderbar duftet, wenn
man sich darauf niederlässt.

Unten: Baumbänke haben eine
lange Tradition, und sie machen
auch heute noch viel her. Man
kann sie fertig kaufen oder passend zum Garten selbst bauen.

RASENSITZE

Rasensitze sind ungewöhnlich, und es macht Spaß, sie anzulegen und zu benutzen.
Die einfachste Form ist eine rechteckige Kiste voll Erde, in die Gras gesät wird.
Neben zarten Grashalmen kann man auch Kamille (siehe linke Seite) oder Kriech-
thymian pflanzen. Als Stabilisierung für die Seiten eignen sich Holzbretter, Ziegel-
steine oder eine Konstruktion aus Pfosten und dünnen, geschmeidigen Ruten. Aus
Geflecht lassen sich sogar runde Sitze bauen, und man kann sie bei Bedarf abbauen
und an anderer Stelle neu fixieren. Ähnliche Sitzgelegenheiten lassen sich auf
Hanggrundstücken auch in Terrassen integrieren.

ENTSPANNUNG PUR IN DER HÄNGEMATTE

Für viele Menschen ist das Liegen und sanfte Schaukeln in einer Hängematte der Inbegriff der Entspannung. Sie symbolisiert für sie mehr Lebensqualität als ein bequemer Sessel oder ein Liegestuhl. Hängematten sind preiswert und einfach anzubringen, wichtig ist lediglich, dass sie sicher befestigt werden.

INSEKTENSCHUTZ

In Gegenden, wo es viele Insekten gibt, kann ein Insektennetz sinnvoll sein. Das ist besonders wichtig für Menschen, die leicht einschlafen und ein Insekt erst bemerken, wenn sie gestochen werden. Ein feiner Tüllvorhang reicht aus, sofern er groß genug ist. Hängt die Matte an einem metallenen Gestell, lässt sich daran auch ein Netz befestigen. Andernfalls kann man über der Hängematte zwischen den Bäumen eine Leine spannen und das Netz daran aufhängen.

Gartencenter, Versandhändler und viele andere Anbieter verkaufen Hängematten in allen möglichen Farben und Stilen. Viele bestehen aus Segeltuch oder anderem robusten Stoff, manche auch aus locker gewebtem oder geknotetem Netzmaterial. Achten Sie beim Kauf darauf, dass die Hängematte auch für das schwerste Familienmitglied stabil genug ist. Natürlich nimmt man die Hängematte am besten ab, wenn sie nicht benutzt wird, doch nicht jeder ist so konsequent, und so sind viele Hängematten Regen und Sonnenschein ausgesetzt. Aus diesem Grund ist ein robustes Material wichtig, das nicht so leicht verrottet. Wenn eine Hängematte plötzlich reißt, ist das nicht nur unangenehm, sondern auch gefährlich.

Aufhängen – wie und wo?

Der beste Platz für eine Hängematte ist ein schattiges Fleckchen zwischen zwei Bäumen, am besten mit einem leichten Windzug, der sie in sanfte Schaukelbewegung versetzt. Volle Sonne ist ungünstig, weil man in einer Hängematte leicht einschläft und womöglich mit Sonnenbrand wieder aufwacht.

Vor allem anderen kommt es aber auf eine sichere Aufhängung an. Die Stützen müssen stabil sein. Die klassische Position (außer an Bord eines Schiffes) ist zwischen zwei kräftigen Bäumen. Bietet Ihr Garten eine solche Gelegenheit, sollten Sie sie nutzen, denn sie ist wirklich optimal. Stellen Sie aber zuerst sicher, dass Ihre Knoten auch wirklich halten. Zwei halbe Schläge reichen aus. Viele Hängematten werden schon mit geeignetem Befestigungsmaterial geliefert.

Leider hat nicht jeder geeignete Bäume in seinem Garten oder in passendem Abstand zueinander, aber man kann die Hängematte auch an Wänden oder anderen festen Bauelementen fixieren. Oft ist aber ein spezielles Gestell die beste Lösung, man kann es an jedem gewünschten Platz aufstellen. Solche Gestelle nehmen allerdings viel Platz ein und stehen, wenn sie nicht benutzt werden, leicht im Weg – vor allem in einem kleinen Garten.

Komfortable Alternativen

Das Ein- und Aussteigen aus Hängematten ist nicht ganz unkompliziert. Wenn Ihnen diese Manöver zu umständlich sind, sollten Sie auf ein komfortableres Gartenmöbel ausweichen – die gute, alte Hollywood-Schaukel. Moderne Design-Modelle haben mit den großblumig und schrill gemusterten Schaukeln der 1950er Jahre kaum noch etwas gemein. Es sind letztlich bequeme, schaukelnde Gartensofas in einem Gestell. Man kann auf ihnen aufrecht sitzen oder liegen, und sie können auch von mehreren Personen gemeinsam benutzt werden, was bei Hängematten nicht ganz ungefährlich ist.

Rechte Seite: Hängematten sind Klassiker unter den „Gartenmöbeln". Sie brauchen einen stabilen Halt und werden am besten im lichten Schatten aufgehängt, wie er unter Bäumen üblicherweise herrscht.

SCHATTEN – KÜHLE RÜCKZUGSORTE

Im Winter träumen wir von heißen Sonnentagen, doch sind sie dann endlich da, wird es uns schnell zu viel des Guten, und wir sehnen uns nach einem kühlen Plätzchen im Schatten. Es gibt kaum etwas Schöneres als eine leichte Mahlzeit im erfrischenden Schatten eines Mittel-meer-Landes – und das kann man ohne Weiteres auch zu Hause haben.

SONNENSEGEL

Ein Sonnensegel wird am besten auf der Wandseite mit Haken und auf der anderen Seite an zwei Pfosten befestigt. Dazu schneidet man ein Stück Segeltuch oder Markisenstoff zu, säumt die Kanten und schlägt in den Ecken und der Mitte von zwei gegenüber liegenden Seiten Ringösen ein. Dann werden in angemessener Höhe und entsprechend der Abstände der Ringösen Löcher in die Mauer gebohrt, in die man mit Dübeln Haken einschraubt. An diesen hängen Sie das Sonnensegel auf. In die Kopfenden der beiden Pfosten je einen 8 cm langen Nagel schlagen. Das obere Ende eines Pfahls durch die Ringöse am losen Ende des Stoffs stecken, dann das Sonnensegel spannen und den Pfosten in den Boden rammen. Oben vom Nagel aus eine Schnur als Spannleine schräg zum Boden führen und mit einem Zelthering im Boden verankern. Eine frei stehende Konstruktion ganz ohne Wandbefestigung lässt sich mit vier Pfosten halten, die jeweils mit zwei Spannleinen stabilisiert werden. Ist sie sehr groß, sollte sie auch in der Mitte gestützt werden. Der einzige Nachteil eines Sonnensegels ist, dass es nicht wie eine Markise per Hand oder auf Knopfdruck eingefahren werden kann. Es lässt sich zwar demontieren, das macht aber etwas Mühe.

Bäume spenden zweifellos besonders angenehmen Schatten. Wer noch keine großen Bäume im Garten hat, sollte sie bald anpflanzen. Viele Bäume eignen sich aber gar nicht gut als Schattenspender. Schlanke, hohe Bäume werfen z. B. nicht genug Schatten, während ausladende Bäume oft eine so dichte Krone haben, dass der Schatten zu dunkel für die darunter befindliche Bepflanzung wird. Ideal sind Bäume mit einer breit wachsenden Krone, die nicht zu dicht wird, z. B. Apfelbäume. Einen vorhandenen Baum mit dichtem Laub kann man aber so auslichten, dass er diffusen Schatten spendet und unter ihm ein Muster aus Sonnenflecken entsteht.

Grüne Dächer

Eine schöne und naturnahe Lösung ist eine Pergola, die von Kletterpflanzen überwachsen wird. Die klassische mediterrane Pflanze für diesen Zweck ist echter Wein. Wein ist ideal, weil seine Blätter groß sind, aber nicht so dicht, dass sie den Bereich komplett verdunkeln. Es gibt Weinsorten, die Trauben tragen, und andere, die nur wegen ihrer dekorativen Blätter kultiviert werden. Daneben gibt es viele andere Kletterpflanzen wie Rose und Geißblatt, die auch noch wunderbar duften.

Das Holzgerüst muss robust sein. Es wird mit Holzschutzmittel gestrichen und 45 cm tief im Boden verankert. Die Basis von drei Seiten wird bepflanzt, eine Seite sollte offen bleiben. Auf diese Weise entsteht ein umschlossener, intimer Bereich. Alternativ kann man auch nur eine oder zwei Seiten bepflanzen und die übrigen offen lassen, wenn eine schöne Aussicht vorhanden ist oder man ein Gefühl von Weite wünscht. Unter dem grünen Dach ist ein gepflasterter Bereich ganz praktisch, auf dem Tisch und Stühle stabil stehen können.

Schatten nach Bedarf

Mit Sonnensegeln und Stoffpavillons kann man im Handumdrehen für Schatten sorgen. Sie haben gegenüber Pflanzen den Vorteil, dass man sie verstauen kann, wenn sie nicht benutzt werden. Dann erhält der betroffene Bereich wieder mehr Licht und Sonne. Das ist vor allem in kleinen Gärten praktisch, wo wahrscheinlich nicht genug Platz für sowohl einen sonnigen als auch einen schattigen Sitzplatz vorhanden ist. Außerdem kann man die Farbe des Stoffes frei wählen. Geeignet sind fast alle Stoffe, für langlebige Produkte sollten Sie aber ein wetterfestes Material wie Markisenstoff oder Segeltuch wählen. Selbst Bambusrollos spenden lichten Schatten.

Stoffpavillons sind inzwischen preiswert zu bekommen. Meist haben sie ein Gestell aus vier Stangen, schmale Eckbahnen, ein Dach und eine Schabracke, aber keine Seitenteile. Gelegentlich werden auch separate Seitenteile angeboten, die man in der jeweiligen Windrichtung befestigen kann.

Beweglicher Schatten

Besonders flexibel und vielseitig ist ein Sonnenschirm. Man kann ihn Platz sparend verstauen, wenn er nicht gebraucht wird, und man kann ihn auch problemlos manövrieren und immer dort aufstellen, wo er gerade erwünscht ist. Allerdings sind die meisten Schirme klein, die großen sind teuer. Zudem brauchen sie einen schweren Fuß, damit sie nicht vom Wind umgeblasen werden.

Um einen kühlen Schattenplatz zu schaffen, kann man eine Pergola aus Holz errichten und sie mit Kletterpflanzen begrünen, die schöne Licht- und Schattenspiele erzeugen.

ESSEN UND GESELLIGKEIT

Zu den größten Annehmlichkeiten, die ein Garten bietet, gehört das Essen im Freien. Draußen scheinen Mahlzeiten geruhsamer abzulaufen als im Haus, tatsächlich ist nur die Umgebung eine andere. Unter freiem Himmel bleibt man gerne etwas länger sitzen – vielleicht weil das schöne Wetter die Stimmung hebt.

Beim Essen im Freien ist ein kräftiger, standfester Tisch außerordentlich wichtig, was leider oft übersehen wird. Ein wackelnder Tisch kann lästig sein, wenn er sich zu einer Seite neigt, wann immer jemand etwas auf dem Teller zerschneidet. Eine glatte Terrasse oder eine absolut ebene Rasenfläche sind nötig, damit alles schön gerade steht. Tische, die im Freien benutzt werden, sollten möglichst groß sein und Platz für Schüsseln und viele Gäste bieten. Auch die Stühle sollten fest stehen und eine bequeme Höhe zum Essen haben.

Wird das Essen in der Küche zubereitet und nach draußen getragen, sollte der Tisch nahe am Haus stehen, um dem Koch weite Wege zu ersparen. Andererseits ist es manchmal gerade schön, weit vom Haus entfernt zu sein und sich vielleicht in einen lauschigen Winkel hinter Sträuchern zurückzuziehen. Wenn Sie einen Grill besitzen, sollte der Tisch in dessen Nähe stehen – aber nicht so nahe, dass man von Rauch und Gerüchen eingenebelt wird. Beachten Sie die Windrichtung.

Wird der Essplatz tagsüber genutzt, muss auch bedacht werden, ob er in der Sonne oder im Schatten stehen soll. Wenn Sie vorwiegend abends essen, spielt der Standort keine besondere Rolle. Viele Menschen bevorzugen einen Schattenplatz, um das Risiko von Sonnenbrand und Hautkrebs zu reduzieren.

Die einfachste Lösung besteht darin, den Tisch unter einen großen Baum zu stellen. Nun hat aber nicht jeder einen solchen Baum, und auch Bäume aus Nachbargärten ragen selten weit genug über den Zaun. Man könnte einen Baum pflanzen, doch es dauert Jahrzehnte, bis er groß genug für eine ganze Gesellschaft ist. Als Zwischenlösung eignet sich eine Markise oder eine Pergola (siehe Seite 106–107). Dafür brauchen Sie nur ein Gestell aus Pfosten und Querbalken, das mit Kletterpflanzen begrünt wird, deren Blätter bald angenehmen Schatten werfen. Wein – sowohl die Frucht- als auch die Ziersorten – zeichnet wunderschöne Licht- und Schattenmuster auf den darunter liegenden Bereich. Eine Alternative ist ein Pavillon oder eine Markise aus Segeltuch, die bei einem unerwarteten Regenschauer einen gewissen Schutz bieten.

Esszimmer im Grünen

Manche Menschen fühlen sich in einem abgegrenzten Raum wohler als auf freier Fläche. Es muss zwar nicht unbedingt ein geschlossenes Zimmer sein, doch etwas Schutz ist schon wünschenswert. Dafür sorgt etwa eine seitlich berankte Pergola oder eine Bepflanzung aus Sträuchern und kleinen Bäumen. Oft genügt schon das Skelett eines Raums, geschaffen aus vier Pfosten und Querbalken. So eine Konstruktion wirkt freilich noch schöner, wenn sie mit Kletterpflanzen begrünt ist. Man könnte daran sogar eine stimmungsvolle Beleuchtung für die Abendstunden anbringen. Selbst ein Sitzplatz auf einer kleinen Terrasse hat so eine abgeschlossene Atmosphäre, in der sich viele Menschen behaglicher fühlen als auf dem Rasen.

Picknick

Kinder imitieren gern die Verhaltensweisen von Erwachsenen, und sie haben oft großen Spaß an einem Picknick im Garten – vor allem in einem Bereich, der außer Sichtweite des Hauses liegt. Irgendwo am Ende des Gartens oder in einer versteckten Ecke lässt sich bestimmt hinter ein paar Sträuchern so ein Winkel schaffen, der bei Bedarf auch schnell zum Indianerlager umfunktioniert werden kann.

Linke Seite: Unter einer Pergola lässt es sich gemütlich tafeln. Die Pfosten vermitteln das Gefühl, in einem ganz besonderen Raum zu sein.

Unten: Essplätze müssen nicht überdacht sein. Der Schatten von Bäumen und Sträuchern reicht aus, um eine sehr private Atmosphäre zu schaffen.

IM FREIEN ESSEN – GRILLEN

Genauso viel Spaß wie das Essen im Freien macht auch das Kochen unter freiem Himmel. Manche Menschen sehnen sich hauptsächlich nach einem Garten, weil man dort so herrlich grillen kann – zwanglos und gesellig. Männer, die ansonsten nie kochen, haben am Grill ihren großen Auftritt.

Besucht man im Frühsommer einen Baumarkt oder ein Gartencenter, steht man vor einer geradezu verwirrenden Auswahl an Grills. Manche sind einfach und preiswert, andere bieten viele Extras, die allerdings ihren Preis haben. Viele Freiluftköche sind der Meinung, dass für die Zubereitung des Essens ein einfaches, preiswertes Modell vollkommen ausreicht. Grills bleiben oft ganzjährig im Freien, besser wäre es jedoch, sie wegzuräumen, wenn sie nicht gebraucht werden. Das erfordert jedoch Stauraum, der in kleinen Gärten bekanntlich oft knapp ist.

Ebenso wie die frei stehenden Grills können auch fest eingebaute Grills simpel oder aufwendig ausgestattet sein. Der einfachste Typ ist nicht viel mehr als ein Herd aus Backsteinen, vielleicht mit einer Ablagefläche für Speisen und Utensilien. Als Ablage genügt jedoch auch ein kleiner Tisch. Wenn die Ziegelsteine nicht mit Mörtel gemauert sind, kann man den Grill abbauen und an einer anderen Stelle neu errichten. Begeisterte Grillfans werden aber einen fest gemauerten Grill bevorzugen, vielleicht mit Ablagebereichen oder sogar eingebauten Fächern und Schränken.

Gekaufte Grills bestehen in den meisten Fällen aus Metall. Für selbst zu bauende Grills eignen sich verschiedene Materialien, die gerade zur Hand sind, etwa übrig gebliebene Mauersteine vom Hausbau, Natursteine oder Gasbetonsteine. Sieht das fertige Bauwerk etwas unordentlich aus, kann man es grob verputzen und ihm einen mediterranen oder mexikanischen Anstrich verleihen.

Unten: Unter freiem Himmel zu kochen und zu essen macht immer wieder Spaß.

Rechte Seite: Es gibt frei stehende Grills, man kann sie aber auch fest einbauen und so zum Element der Gartengestaltung machen.

Wohin mit dem Grill?

Ein mobiler Grill ist in vieler Hinsicht praktisch, weil man ihn im Prinzip jeden Tag an einem anderen Platz aufstellen kann. Er ist das Herzstück einer Grillparty, und der Koch wird sicherlich gern nahe bei den Gästen sein. Andererseits haben Grills den Nachteil, dass sie Rauch und Essensgerüche produzieren. Das macht der Tischgesellschaft meist nicht viel aus, denn sie freut sich schließlich schon aufs Essen. Dennoch mag niemand gern direkt im Rauch sitzen. Nachbarn könnten Grilldünste sogar als Belästigung empfinden. Stellen Sie den Grill deshalb möglichst so auf, dass der Wind Rauch und Gerüche nicht in Richtung Nachbarschaft bläst. Das kann bei fest eingebauten Grills schwierig sein, lediglich ein Schornstein kann hier Abhilfe schaffen, der die Gerüche nach oben ableitet. Versuchen Sie daher vor dem Bau eines festen Grills, die vorherrschende Windrichtung in Ihrer Wohngegend festzustellen.

Sicherheit

Zum Grillen braucht man Feuer, und das birgt einige Risiken. Stellen Sie einen Grill nicht in die Nähe eines Holzzauns. Achten Sie darauf, dass er fest steht und nicht kippen kann. Seien Sie besonders achtsam, wenn sich Kinder im Garten bewegen. Lassen Sie die Asche immer ganz auskühlen, ehe Sie sie entsorgen.

Pflanzen am Grill

In direkter Nähe des Grills fühlt sich keine Pflanze wohl, es ist dort zu heiß. Es ist aber empfehlenswert, einige würzige Kräuter in Reichweite zu pflanzen, sodass man bei Bedarf Minze, Schnittlauch, Salbei, Estragon oder Rosmarin als frische Würze pflücken kann.

1

Ein fester Grill braucht ein stabiles Fundament aus einer Schotterschicht, auf die Beton gegossen wird.

2

Mauern Sie einen viereckigen Kasten aus Ziegeln, und decken Sie ihn mit einer Gehwegplatte ab.

3

Mauern Sie an drei Seiten einige weitere Reihen Ziegel auf, die den Rost halten und das Feuer umgeben.

EINEN GRILL BAUEN

Aus Ziegelsteinen kann man ganz einfach einen Grill bauen. Zuerst für das Fundament eine 15 cm tiefe Grube in der Größe der Grillgrundfläche ausheben. 10 cm Schotter einfüllen und feststampfen, dann 5 cm Beton darauf gießen. Einen Kasten aus 4 oder 5 Reihen Ziegeln mauern und in den inneren Hohlraum Schotter füllen. Darauf eine 5 cm dicke Betonschicht gießen. Alternativ den Innenraum mit einer entsprechend großen Gehwegplatte abdecken. Anschließend die Rück- und Seitenwände mauern, die Vorderseite bleibt offen. Zwischen den Steinen Metallträger für den Grillrost einmauern. Den Mörtel vor dem ersten Gebrauch vollständig aushärten lassen. Wer geschickt mauern kann, wird den Hohlraum des Grills so gestalten wollen, dass sich dort Utensilien wie Grillbesteck und Holzkohle verstauen lassen.

BELEBUNG DER SINNE

Statuen und Skulpturen im Garten sind ausgesprochen reizvoll, vor allem, wenn sie geschickt platziert werden.

Der Grundgedanke dieses Buches ist, dass ein Garten dem Wohlbefinden dienen soll – und zwar unabhängig von seiner Größe. Sitzt oder liegt man im Freien, nimmt man die Umgebung mit allen Sinnen wahr, darum sollte einer gelungenen Gartengestaltung unbedingt ein sinnliches Konzept zugrunde liegen.

SEHEN

Besonders wichtig ist das Gesamtbild des Gartens. Manche Gärten sind langweilig und trist, und das wirkt sich auf die Bewohner aus. An einem öden, reizlosen Platz kann man nicht so gut neue Kräfte sammeln. Andere Gärten sind lebhaft und bunt. Das kann für Feste und Geselligkeit angenehm sein, fördert die tägliche Entspannung aber nicht unbedingt. Ganz anders wirkt dagegen ein romantisches Ambiente mit zarten Farben und weichen Linien. Die romantische Stimmung lässt sich am Abend durch eine geschickt platzierte, sanfte Beleuchtung noch intensivieren. Denken Sie daran, dass Licht im Garten sehr stimmungsvoll sein kann.

HÖREN

Durch eine dichte Bepflanzung lässt sich ein Garten bis zu einem gewissen Grad gegen den Lärm der Umgebung abschirmen. Hecken und Sträucher sind als Schallschutz besonders wirkungsvoll. Für einen reizvollen akustischen Hintergrund kann dann im Garten selbst gesorgt werden. Geräusche wie das Plätschern von Wasser, das Rascheln von Blättern oder das Zwitschern von Vögeln tun viel für die Entspannung und das allgemeine Wohlbehagen.

FÜHLEN

Im Garten spielt der Tastsinn zwar keine übergeordnete Rolle für die Entspannung, vernachlässigen sollte man ihn dennoch nicht. Es ist ein sinnliches und beruhigendes Erlebnis, mit den Fingern über weiches Gras oder durch das Blattwerk von Pflanzen zu fahren. Viele Menschen finden es auch angenehm, im Gras zu sitzen, weil es sich völlig anders anfühlt als ein Möbelstück oder die Platten einer Terrasse, eben lebendig.

RIECHEN

Der Geruchssinn hat für die Wahrnehmung des Gartens eine große Bedeutung. Duftende Pflanzen bereiten zu jeder Tageszeit ein anderes sinnliches Vergnügen. Am Morgen sind da die frischen, belebenden Gerüche, die durch die kühle Luft und den Tau intensiviert werden. In den warmen Nachmittagsstunden entfalten viele Blüten ihren Duft. Manche Arten machen sich mit ihrem schweren, süßen Duft erst in der Abenddämmerung bemerkbar. Es lohnt sich, wenn man bei der Gestaltung des Gartens den Duftpflanzen reichlich Raum gewährt – sie steigern das Wohlbefinden.

GESCHMACK

Nichts lässt sich mit dem Geschmack frischer Früchte und Gemüse direkt aus dem Garten vergleichen. Natürlich spielen auch Sorten und Anbauweise eine Rolle, doch letztlich bestimmt die möglichst kurze Zeit, die zwischen Ernte und Verbrauch liegt, die Qualität von Obst und Gemüse. Weil sie bei der Ernte aus dem eigenen Garten minimal ist, schmeckt selbst Angebautes so köstlich. In einem kleinen Garten reicht der Platz für eine ganzjährige Gemüseversorgung selten aus, doch man kann immerhin so viel anpflanzen, dass man den Geschmack erntefrischer Gemüse nicht ganz vergisst.

ETWAS FÜR DEN GEIST

Entspannung rührt nicht allein daher, sich in der angenehmen Umgebung eines Gartens aufzuhalten. Nach einem anstrengenden Tag ist auch ein bisschen Anregung für den Geist durchaus entspannend. Dem lässt sich durch interessante Objekte Rechnung tragen, etwa Skulpturen oder Formschnittfiguren.

ROMANTISCHE SZENERIE

Nach einem anstrengenden Tag kann man sich in einem Garten voll sanfter Farben und romantischer Details wunderbar erholen. Dass manche Gärten dafür besser geeignet sind als andere, liegt zu einem guten Teil an der geschickten Auswahl und Kombination der Pflanzen hinsichtlich Größe und Farbe der Blüten.

GIRLANDEN

Ein ordentlicher Garten, wo alles an seinem Platz steht, wirkt oft etwas steif. Meist fühlen wir uns in Gärten wohler, die etwas lockerer wirken. Die Beete sind zwanglos, ohne unordentlich zu sein, Bäume und Sträucher erinnern an duftige Wolken. Kletterpflanzen können ein solches Bild ergänzen, wenn sie zu Girlanden aufgebunden sind. Rosen, die an Seilkonstruktionen gezogen sind oder einen Sitzplatz in weichen Bögen umschließen, wirken wunderbar romantisch. Zementieren Sie Pfosten (10 x 10 cm) in Abständen von etwa 3 m in den Boden ein, damit sie fest stehen. Nageln Sie auf die Kopfenden der Pfosten ein Seil, das in weichen Bögen durchhängt. Dann an jeden Pfosten eine Rose pflanzen und anbinden. Die jungen Triebe zunächst an den Pfosten und später an den Seilen entlang führen.

Weil die Pflanzen eine so große Bedeutung für die Stimmung und Atmosphäre eines Gartens haben, sollte man sich etwas Zeit nehmen, über die richtige Auswahl und Kombination nachzudenken. Es gibt wohl kaum einen Gartenstil, der entspannender wirkt als eine romantisch-verwunschene grüne Oase.

Das Geheimnis solcher Gärten sind viele Pflanzen und relativ wenig offener Raum. Pfade schlängeln sich zwischen duftenden Sträuchern und Lauben zu lauschigen Sitzplätzen im Dickicht. Kletterpflanzen, vor allem Rosen und Geißblatt, schlingen sich über Bögen und Bäume. In den Beeten findet man Blüten in sanften Farben. Starke Farbkontraste sind hier fehl am Platz.

All das lässt sich auch in einem kleinen Garten mit etwas Phantasie verwirklichen. Dabei kommt es einerseits auf die Aufteilung der Fläche und andererseits auf die Wahl der Pflanzen an. Manche Gärtner können vor ihrem geistigen Auge ein klares Bild ihres Wunschgartens entwerfen, andere brauchen etwas Hilfe.

Blättern Sie in Büchern und Zeitschriften, sehen Sie sich aber vor allem andere Gärten an, ehe Sie an die Arbeit gehen. Achten Sie darauf, wie andere Gärtner Probleme gelöst haben, die Sie aus Ihrem eigenen Garten kennen. Manchmal basiert eine zündende Idee auch auf einer schönen Pflanzenkombination, die man hinter einem fremden Zaun entdeckt hat.

Pflanzen

Der Schlüssel liegt in der Pflanzenwahl. Grundsätzlich wirken leuchtende, bunte Farben lebhaft und eignen sich gut für ein fröhliches Ambiente. Sie passen gut in die Umgebung eines Grills, wo man auch einmal ausgelassen feiert. Der Entspannung dienen jedoch zarte Farben besser.

Blasse Blau-, Rosa- und Gelbtöne harmonieren gut miteinander. Intensivere Farben pflanzt man besser in Blöcken, die in sanften Kurven aneinander grenzen. Mischt man sie, entsteht leicht ein scheckiges, unruhiges Bild.

Ganz in Weiß

Unvergleichlich entspannend ist die heitere Besinnlichkeit, die von einem weißen Garten oder einem weißen Beet ausgeht. Dabei findet man in einem weißen Beet mindestens zwei und oft auch drei Farben. Neben den weißen Blüten ist da natürlich das unterschiedliche Grün der Blätter, doch gibt es auch graues oder silbriges Laub, das in einer solchen Umgebung besonders attraktiv und vornehm schimmert. Geeignet sind alle weißen Blüten. Zu viele Cremetöne sollte man allerdings nicht integrieren, sonst geht der Eindruck der Reinheit verloren.

Der Vorzug eines weißen Gartens ist, dass die Blüten gerade in der Dämmerung zu strahlen scheinen und selbst im Dunkeln noch gut zu erkennen sind – wie ein gespenstisches Nachleuchten. Auch andere einfarbige Beete sind reizvoll, doch keine Farbe ist so attraktiv wie Weiß. Violette Beete können beispielsweise eine Zeit lang interessant wirken, doch mit der Zeit erscheinen sie eher düster und überladen. Lebhafte Farben wie intensives Orange und Rot sind für einen romantischen Garten zu kräftig. Rosa und blasses Blau können die Atmosphäre betonen.

Ein weißer Garten wirkt wunderbar friedlich und romantisch. Rosen dürfen in dieser Kombination auf keinen Fall fehlen.

WEISSE BLÜTEN

Anemone x hybrida 'Honorine Jobert' (Anemone)
Aster novae-angliae 'Herbstschnee' (Aster)
Camellia 'Swan Lake' (Gartenkamelie)
Clematis 'Marie Boisselot' (Clematis)
Dianthus 'Haytor White' (Nelke)
Lamium maculatum 'White Nancy' (Taubnessel)
Magnolia stellata (Sternmagnolie)
Nicotiana sylvestris (Ziertabak)
Philadelphus 'Sybille' (Pfeifenstrauch)
Rosa 'Iceberg' (Kletterrose)

FRIEDLICHE KLÄNGE

**Beim Stichwort „Geräusche im Garten"
denken viele Menschen gewiss an einen
elektrischen Rasenmäher oder an den
neurotisch kläffenden Hund in der Nachbarschaft. Indes gibt es noch ganz andere
Geräusche im Garten, die angenehm und
reizvoll sein können.**

Natürliche Geräusche wie das Zwitschern von Vögeln und das Summen von Bienen
wirken paradiesisch und bilden einen angenehmen akustischen Hintergrund.
Bäume und Sträucher locken viele Vögel in den Garten, der Rasen zieht Amseln und
Stare an, und Samenstände von Blüten werden von anderen Arten begehrt. Noch
weitere Vögel kommen auf der Jagd nach Insekten. In einem naturnahen, aber gut
gepflegten Garten mit Vögeln können vereinzelte Schadinsekten keine wirklich großen Probleme verursachen. Greifen Sie nicht gleich zur Giftspritze, sondern lassen
Sie das Problem durch die Vögel lösen. Insektizide sollten Sie erst anwenden, wenn
der Befall überhand nimmt – und das ist nur selten der Fall.

Bienen lieben Blüten, die ihnen reichlich Pollen und Nektar bieten, vorzugs-
weise alte Sorten. Auch Kräuter sind eine gute Bienenweide. Manche Menschen
haben Angst vor Bienen, doch solange man sich nicht auf sie setzt, braucht man sie
nicht zu fürchten. Kaum etwas ist idyllischer, als an einem Sommertag im Garten zu
sitzen und dem Summen und Brummen in einem Blumenbeet zu lauschen.

Leises Rascheln

Auch das Rascheln von Blättern kann sehr beruhigend sein. Manche Blätter produzieren erst bei kräftigem Wind Geräusche, doch Bambus und hohe Gräser
flüstern schon bei einer leichten Brise. Beide eignen sich gut als Hintergrund-
bepflanzung. Die Jungpflanzen sind meist recht klein, doch sie wachsen schnell zu
stattlichen Horsten heran.

Unten: Plätscherndes Wasser
hat eine wunderbar beruhi-
gende Ausstrahlung. So ein
kleines Wasserspiel findet im
kleinsten Garten Platz.

Unten rechts: Der Wind kann
sehr angenehme Geräusche
erzeugen. Er lässt etwa die
Blätter rascheln oder ein Wind-
spiel leise klingen.

BAU EINES WASSERSPEIERS

Bausätze für Wasserspeier kann man in Baumärkten und Gartencentern kaufen. Bei hochwertigen Versionen wird eine ausführliche Anleitung zur Installation von Pumpe, Schläuchen und Elektrik mitgeliefert. Am schönsten wirkt ein Wasserspeier an einer Wand, doch die Hauswand sollte man nicht wählen, weil Feuchtigkeit ins Mauerwerk eindringen könnte. Im Zweifelsfall sollte die Mauer zunächst mit einem wasserdichten Anstrich versehen werden. Als Auffangbecken eignet sich ein vorgeformtes Kunststoffbecken, das mit Wasserpflanzen bestückt wird. Alternativ kann man auch ein unterirdisches Reservoir für Wasser und Pumpe anlegen, etwa eine große Kunststofftonne. Über das Reservoir legt man ein stabiles Metallgitter, das mit Steinen abgedeckt wird. Das Wasser fällt dann auf die Steine und versickert im unsichtbaren Reservoir. Weil bei einem solchen Kieselsteinbrunnen kein offenes Wasser zugänglich ist, eignet er sich besonders für Familien mit kleinen Kindern.

1
Der Schlauch wird durch den Hohlraum zwischen den Mauerschichten geführt oder hinter der Wand verlegt.

2
Im unterirdischen Reservoir wird die Pumpe angeschlossen und am Wandaustritt der Wasserspeier befestigt.

Bambus und Gräser sind frostbeständig; sie bieten auch im Winter einen reizvollen Anblick und eine zarte Geräuschkulisse. Hainbuchen (*Carpinus betulus*) z. B. werfen ihr totes Laub erst im Frühling ab. Die trockenen Blätter rascheln den ganzen Winter über und sehen auch überfrostet sehr idyllisch aus.

Bewegtes Wasser

Zu den angenehmsten Geräuschen gehört das Plätschern oder Tröpfeln von Wasser, und selbst im kleinsten Garten findet sich Platz für ein Wasserspiel. Denkbar wäre beispielsweise ein Wasserspeier an einer Wand, aus dem das Wasser zurück in ein Reservoir strömt. Dieses muss kaum größer als ein Eimer sein. Wird der Garten auch von Kindern benutzt, sollte das Reservoir in der Erde versenkt werden, um Gefahren auszuschließen. Auch Springbrunnen, die ebenfalls ohne sichtbare freie Wasserfläche auskommen können, lassen sich in einem kleinen Garten installieren. Wasserspeier sind deshalb besonders empfehlenswert, weil sie wenig Platz einnehmen und eine großartige Wirkung haben können.

Springbrunnen und Wasserspeier plätschern. Wasser, das langsam durch ein Bachbett mit Kaskaden strömt, erzeugt ganz andere Geräusche. Auch ein Wasserfall ließe sich in einem kleinen Garten anlegen. Ein Bachlauf dagegen braucht schon etwas mehr Platz, ist aber durchaus realisierbar.

Windspiele

Den Wind kann man auf verschiedene Weise als Gartenmusikanten engagieren. Das Rascheln von Blättern wurde schon erwähnt, daneben gibt es aber noch die atmosphärischen Klänge von Windspielen und Äolsharfen. So schön diese Töne auch sein mögen: Bedenken Sie, dass das ununterbrochene Klimpern Ihren Nachbarn vielleicht weniger gut gefallen könnte. Hängen Sie solche Windspiele vorsichtshalber nur zu besonderen Gelegenheiten im Freien auf, oder sprechen Sie sich mit dem Nachbarn ab.

BETÖRENDE DÜFTE

Einen Garten nehmen wir vor allem mit den Augen, aber fast ebenso intensiv auch mit der Nase wahr. Fast jeder schätzt angenehme Düfte, darum lohnt es sich, bei der Pflanzenwahl auf zweierlei zu achten: attraktive Blätter oder Blüten und einen angenehmen Duft.

Denken Sie daran, dass Pflanzen zu unterschiedlichen Tageszeiten duften. Der Zeitpunkt richtet sich danach, wann die Insekten fliegen, die diese Pflanzen bestäuben. Arten, die ihren Duft abends oder nachts verströmen, werden normalerweise von Nachtfaltern bestäubt. Informieren Sie sich beim Pflanzenkauf auch über diesen Aspekt. Wenn Sie erst am Abend Ihren Garten genießen wollen, werden Sie wenig Freude an Arten haben, die in den Vormittagsstunden duften.

Nicht immer sind es die Blüten, die duften. Zahlreiche Pflanzen haben duftendes Laub. Damit sich der Duft gut entwickelt, brauchen die Pflanzen Wärme. Es gibt eine Reihe intensiv duftender Schneeglöckchen, doch wer niemals an einem sonnigen Wintertag in ihrer Nähe war, wird diesen Duft gar nicht wahrnehmen. Die Schwarze Kosmee (*Cosmos atrosanguineus*) ist an kühlen Sommertagen geruchlos, bei warmem Wetter dagegen verströmt sie einen wunderbaren Schokoladenduft.

Geißblatt, Jasmin und Seidelbast gehören zu den intensiv duftenden Pflanzen, andere Arten verströmen einen diskreteren Geruch, den man erst aus der Nähe wahrnimmt. Interessant ist auch, dass sich der Duft mancher Pflanzen erst entwickeln muss. Man riecht die Blumen merkwürdigerweise nur von weitem.

Das Laub vieler Pflanzen entfaltet seinen Duft erst, wenn man die Blätter berührt oder leicht reibt. Rosmarin (*Rosmarinus*) und Lavendel (*Lavandula*) etwa; beide pflanzt man am besten an einen Weg oder an den Rand einer Terrasse, wo man sie im Vorbeigehen streift und so ihren Duft freisetzt. Viele andere Kräuter fallen in diese Gruppe, darunter Minze (*Mentha*), Thymian (*Thymus*) und Zitronenmelisse (*Melissa officinalis*). Kriechthymian ist so robust, dass man ihn in Pflasterfugen pflanzen kann, sodass er seinen würzigen Duft beim Betreten verströmt.

Duft für das Haus

Kletterpflanzen und Sträucher mit duftenden Blüten pflanzt man am besten in die Nähe eines Fensters, das häufig geöffnet wird. Wer schon einmal in einem Zimmer geschlafen hat, um dessen Fenster ein Blauregen rankte, wird dieser Empfehlung folgen. Ähnlich betörend duften auch Rosen, Geißblatt und Jasmin.

Wenn der Platz ausreicht, sollten Sie unbedingt einige duftende Schnittblumen für die Vase pflanzen. Wicken (*Lathyrus odoratus*) zählen zu den Favoriten, doch es gibt viele andere Blühpflanzen, die sich in der Vase gut halten. Auch auf dem Gartentisch ist ein Sträußchen duftender Blüten reizvoll.

Unangenehme Gerüche

Viele Blüten haben einen süßen Duft, mit dem sie Schmetterlinge, Bienen und andere Nektar liebende Insekten zur Bestäubung anlocken. Einige Arten werden aber von Fliegen bestäubt, und diese werden besonders von fauligen Gerüchen angezogen. Es gibt durchaus Pflanzen mit prächtigen Blüten, die regelrecht stinken. Solche Arten sollte man besser vermeiden, sonst werden Besucher Ihrem Garten bald fern bleiben. Zu den übel riechenden Pflanzen zählt vor allem Drachenwurz (*Dranunculus vulgaris*), aber auch die Pyrenäen-Lilie (*Lilium pyrenaicum*) und das Baldriangesicht (*Phuopsis stylosa*).

DUFTENDE BLÜTEN

Choisya ternata (Orangenblume)
Convallaria majalis (Maiglöckchen)
Cosmos atrosanguineus (Schwarze Kosmee)
Daphne tangutica (Seidelbast)
Dianthus 'Mrs. Sinkins' (Nelke)
Erysimum cheirii (Syn. *Cheiranthus cheirii*, Goldlack)
Philadelphus 'Sybille' (Pfeifenstrauch)
Rhododendron luteum (Rhododendron)
Rosa 'Ena Harkness' (Rose)
Sarcococca hookeriana (Schleimbeere)
Viburnum x carlcephallum (Duft-Schneeball)

DUFTENDES LAUB

Aloysia triphylla (Zitronenverbene)
Geranium macrorrhizum (Storchschnabel)
Laurus nobilis (Lorbeer)
Lavandula angustifolia (Lavendel)
Mentha spicata (Minze)
Myrica gale (Gagelstrauch)
Myrtus communis (Myrte)
Rosmarinus officinalis (Rosmarin)
Salvia officinalis (Salbei)
Santolina chamaecyparissus (Heiligenkraut)
Thymus serpyllum (Kriechthymian)

Lavendel pflanzt man am besten
an einen Weg. Wenn man ihn
im Vorbeigehen streift, setzt er
seinen würzig-süßen Duft frei.

SANFTES LICHT

Wer sich vor allem abends im Garten aufhält, braucht eine ausreichende Beleuchtung – nicht nur für den Esstisch, sondern auch für Wege, Stufen und andere Elemente, wie etwa einen Wasserspeier oder ein Mosaik. Mit subtiler Beleuchtung kann ein Garten am Abend ein völlig neues Gesicht bekommen.

Die Beleuchtung verlangt ebenso viel Aufmerksamkeit wie andere Aspekte der Gartengestaltung. Manche Menschen leuchten den Garten kurzerhand mit hellem Halogenlicht aus, doch das ist meist zu grell und wird dem Garten nicht gerecht. Außerdem ist es nicht gerade gemütlich, im Flutlicht zu sitzen oder zu essen.

Die Beleuchtung sollte diskret bleiben, aber zugleich ihren Zweck erfüllen. Licht muss dort sein, wo es gebraucht wird – und nur dort. Das Geheimnis einer geschickten Beleuchtung ist oft das Zusammenspiel von Licht und Schatten. Eine weiche Lichtinsel über dem Tisch entsteht eben nur dann, wenn ringsum Dunkelheit herrscht. Reizvoll ist es auch, einen einzelnen Baum oder Strauch anzustrahlen. Die Zweige werfen interessante Schattenmuster, die durch die umgebende Dunkelheit erst richtig zur Geltung kommen.

Überlegen Sie genau, was Sie beleuchten wollen, wie viel Licht benötigt wird und wie es erzeugt werden soll: So viel wie nötig, so wenig wie möglich.

Flutlicht

Helle Scheinwerfer haben ihren Sinn, etwa auf Parkplätzen oder als Einbruchschutz; für die meisten anderen Zwecke sind sie aber zu grell. Wer sie einsetzt, sollte sie stets nach unten richten, damit sie nicht den gesamten Garten und womöglich noch den des Nachbarn ausleuchten. Grelles Halogenlicht blendet unangenehm. Ein Bewegungsmelder, der solche Scheinwerfer nur bei Bedarf einschaltet, spart nicht nur Energie, sondern vermeidet auch „Lichtterror". Leuchten mit Bewegungsmelder dienen auch als Einbruchschutz.

Wege

Wege sollten angemessen beleuchtet sein, damit man sieht, wohin man tritt. Aber auch hier sollte das Licht nicht blenden. Ideal sind Leuchten, deren Lichtstrahl sich nach unten auf den Weg richten lässt. Es gibt eine große Auswahl von speziellen Modellen für alle Gartenstile, und auch das Angebot an Solarleuchten wird immer größer. Sie speichern tagsüber genug Energie, um die ganze Nacht über sanft zu leuchten. Allerdings lassen sich viele Modelle nicht ausschalten.

Gäste und Feste

Bei einem Gartenfest soll das Licht vor allem für die Atmosphäre sorgen. Wenn gegrillt wird, ist es wichtig, dass dieser Bereich ausreichend ausgeleuchtet wird. Der Koch muss genau sehen, was er tut, außerdem dient das Licht am offenen Feuer der Sicherheit. In den übrigen Bereichen darf die Beleuchtung subtil bleiben. Es gibt zahllose Leuchten für den Gebrauch im Freien – Laternen, Stehleuchten, Tischleuchten und Lichterketten, die man in Bäumen aufhängt. Mit einem Dimmer lässt sich der Lichtpegel nach Bedarf regulieren: Zum Essen sollte es etwas heller sein, danach darf es wieder schummriger werden.

Feuer und Flamme

Kerzen werfen ein unvergleichlich romantisches und schmeichlerisches Licht. Selbst an vermeintlich windstillen Abenden herrscht eine leichte Luftbewegung,

Unten: Kerzen zaubern ein sanftes Licht, das sich ausgezeichnet zum Essen oder zum Zurücklehnen in romantischer Atmosphäre eignet.

Rechte Seite, unten: Farbige Glühlampen können zu einer Feier durchaus angebracht sein, generell wirken sie aber leicht übertrieben und aufdringlich.

Unten: Ein dekoratives Element des Gartens sollte man mit einem Strahler aus der Dunkelheit hervorheben.

1 Ein Stromkabel mindestens 80 cm tief verlegen, damit man es nicht etwa beim Umgraben beschädigt.

2 Zum Schutz vor Beschädigungen wird das Kabel mit einer Reihe Dachpfannen abgedeckt.

3 Auf die Dachpfannen legt man als zusätzliche Warnung einen Streifen leuchtend buntes Kunststoffband.

STROMKABEL VERLEGEN

Stromkabel für Pumpen oder Lampen sollten Sie nur verlegen, wenn Sie selbst Elektriker sind. Sonst beauftragen Sie lieber einen Fachmann. Verwenden Sie ausschließlich spezielle Kabel für den Außenbereich. Für die unterirdische Verlegung, die im Prinzip besonders empfehlenswert ist, müssen armierte Erdkabel verwendet werden. Damit das Kabel nicht versehentlich beim Umgraben beschädigt wird, sollte der Graben mindestens 80 cm tief sein. Legen Sie in den Graben ein Kunststoffrohr, und führen Sie das Kabel hindurch. Alternativ legen Sie das Erdkabel direkt in den Graben und decken es mit Dachziegeln oder Ziegelsteinen ab. Als zusätzliche Warnung legen Sie auf die Ziegel ein buntes Plastikband. Dann wird der Graben wieder mit Erdreich aufgefüllt.

durch die eine Kerze erlöschen, flackern oder tropfen kann. Aus diesem Grund ist es sinnvoll, ein Windlicht im Garten aufzuhängen. Fackeln dagegen sind erst richtig spektakulär, wenn sie lebhaft im Wind flackern. Das Licht ist zum Essen nicht ruhig genug, genügt aber durchaus als Wegbeleuchtung.

Lichterketten

Winzige, weiße Lichterketten eignen sich gut, um mit ihrem Funkeln einen Weg, eine Terrasse oder einen Essplatz zu beleuchten. Weil sich die winzigen Lämpchen im Wind bewegen, wirken sie etwas lebhafter als größere Leuchten. Wählen Sie aus Sicherheitsgründen unbedingt eine Lichterkette für den Außenbereich.

Die Bäume beleuchten

Wenn man abends im Haus sitzt, sieht man kaum etwas vom Garten, es sei denn, man belebt ihn um diese Zeit durch Lichter, die einzelne Bereiche anstrahlen – etwa Bäume, Sträucher oder eine Statue. So sieht der Garten in der Dunkelheit völlig anders aus als bei Tage. Besonders dramatisch wirken solche Lichteffekte, wenn man den Lichtstrahl schräg von unten auf das gewählte Objekt richtet. Auch ein Wasserspiel kann man auf diese Weise anstrahlen.

LASSEN SIE ES SICH SCHMECKEN

Weil die Gärten hinter modernen Einfamilienhäusern immer kleiner werden, sieht man kaum noch Gemüsebeete. Viele Gärtner bedauern das schon und vermissen den „wahren" Geschmack. Selbst angebaute Gemüse sehen vielleicht nicht so makellos aus wie die aus dem Supermarkt, dafür schmecken sie aber erheblich besser und sind gesünder – wenn Sie auf chemische Dünger und Insektenschutzmittel verzichten.

Leider reicht der Platz in kleinen Gärten oft nicht einmal für die Hälfte dessen, was man darin anpflanzen möchte. Flächen wie Rasen und Terrasse sind vielseitig, weil sie verschiedenen Zwecken dienen können – vom Entspannen über das Feiern und Spielen bis zum profanen Aufhängen der Wäsche. Gemüsebeete sind hingegen nur für Gemüse da. Man kann aber auch auf kleinem Areal verblüffend viele Gemüsesorten ziehen, wenn man sie gut pflegt und auf Kartoffeln verzichten kann. Sinnvoll sind Hochbeete, die besonders fruchtbar sind und darum eine dichtere Bepflanzung zulassen. Die Pflanzung in Gruppen ist – sofern man an jede Pflanze heranreicht – günstiger als in Reihen. Ist eine Fläche abgeerntet, kann dort sofort etwas Neues gesät oder gepflanzt werden.

Querbeet

Etliche Gemüsepflanzen sind sehr ansehnlich und passen darum auch gut ins Blumenbeet. Die roten Stiele des Mangolds, das filigrane Laub von Möhren oder die leuchtenden Blüten von Stangenbohnen sind ausgesprochen dekorativ. Man mag es als Nachteil sehen, dass nach der Ernte Lücken im Beet entstehen, anderseits blühen auch die Blumen nicht ewig. Hilft man dem Boden mit etwas Dünger, können einjährige Sommerblumen die entstandenen Lücken füllen.

Töpfe, Kübel und mehr

Eine große Zahl von Gemüsesorten lässt sich problemlos auch in Kübeln oder anderen Gefäßen ziehen. Am elegantesten sind sicherlich Tontöpfe. Tomaten und Stangenbohnen beispielsweise kann man sogar direkt in Säcke mit gutem Substrat pflanzen. Kübel können an jedem Platz im Garten aufgestellt werden, sofern er nicht zu schattig ist. Tomaten fühlen sich vor einer warmen Mauer besonders wohl. Allerdings muss man Gemüse in Kübeln mindestens einmal täglich gießen – an heißen Tagen auch öfter.

Schrebern Sie mit!

Eigenes Gemüse hat viele Vorzüge, und wenn Sie Spaß daran haben, sollten Sie einmal überlegen, einen Schrebergarten zu pachten. Kleine Gärten, die problemlos die ganze Familie mit frischem Obst und Gemüse versorgen, sind gar nicht so teuer, und man wundert sich, wie viele junge Familien ihre Freizeit in Schrebergartenkolonien verbringen. Ein echter Vorteil solcher Kolonien ist, dass man dort auch immer erfahrene Gärtner trifft, die bei Fragen und Problemen gern helfen. Außerdem kann man sich beim Einkauf von Saat, Jungpflanzen und sonstigem Zubehör zusammentun und von günstigeren Preisen für größere Mengen profitieren.

GEMÜSE FÜR DEN KLEINEN GARTEN

Blattsalat
Buschbohnen
Mangold
Mohrrüben
Petersilie
Porree
Radieschen
Rote Bete
Schalotten
Spinat
Stangenbohnen
Tomaten
Zucchini

1
Ampeln sind zwar eigentlich
für Blumen gedacht, doch sie
eignen sich auch ausgezeichnet für Monatserdbeeren,
Blattsalat oder Mini-Tomaten.

2
Nicht ganz so unkonventionell
ist der Gemüseanbau im
Kübel. Viele Arten eignen sich
gut dafür, etwa Stangenbohnen und auch Erdbeeren.

Unten links: Ein großer Trog
mit Kohl und Kapuzinerkresse
(Tropaoleum majus), deren
Blätter und Blüten eine wür-
zig-pfeffrige Salatzutat sind.

Unten rechts: Unterschiedlich
hohe Kübel mit verschiedenen
Gemüsesorten zeigen, welch
eine Erntevielfalt auch im
kleinsten Garten möglich ist.

①

②

GEMÜSE IN SÄCKEN UND KÜBELN

Bohnen, Tomaten und Paprika gedeihen sehr gut in Säcken voll Substrat. Man legt den geschlossenen Sack flach auf den Boden und schneidet die Oberseite an bis zu drei Stellen kreuzweise ein. In diese Öffnungen werden die Pflanzen gesetzt. Andere Gemüsesorten gedeihen besser in Kübeln, die im Idealfall 45 cm oder mehr Durchmesser haben sollten. Vor Staunässe schützt ein Abzugsloch im Boden und eine Schicht Kies oder Tonscherben. Der Kübel wird mit gutem, nahrhaftem Substrat gefüllt, anschließend kann das Gemüse gepflanzt oder gesät werden. Dann wird der Kübel an einen sonnigen Platz gestellt und täglich gegossen. Wenn sich die Früchte bilden, setzen Sie dem Gießwasser einmal wöchentlich Flüssigdünger zu. Außerdem: Blattsalat in Töpfen ist nahezu sicher vor Schnecken.

SKULPTUREN, KUNSTWERKE, FORMSCHNITT

Schöne Gartendekorationen haben einen besonderen Reiz. Selbst ein Garten, der ganz den Pflanzen gewidmet ist, gewinnt durch Dekorationen wie z. B. eine Statue, eine Urne oder sogar einen knorrigen Baumstumpf. Solche Objekte bieten dem Auge einen Ruhepol. Natürlich eignet sich nicht jeder alte Gegenstand für diesen Zweck. Die verrostete Karosserie eines Autos wäre hier wohl nicht nur wegen ihrer Größe fehl am Platze, doch es gibt zahllose reizvolle Schmuckstücke für jeden Gartenstil und für jedes Budget.

Skulpturen

Gartenskulpturen gibt es, seit es Gärten gibt. Stil und Alter einer Skulptur spielen keine übergeordnete Rolle, wenngleich der Gartenstil sicherlich die Wahl der Dekoration einschränkt. Ultramoderne Objektkunst passt nicht in einen romantischen Garten oder einen Bauerngarten. Natürlich kann man Dekorationen auch selbst gestalten oder nach eigenen Ideen anfertigen lassen – was allerdings seinen Preis hat. Andererseits gibt es eine große Auswahl fertiger Dekorationen zu erschwinglichen Preisen. Eine Skulptur kann isoliert als Blickfang aufgestellt werden, etwa am Ende eines geraden Weges oder in der Mitte des Rasens. Man könnte sie aber auch in den Garten integrieren und beispielsweise hinter einem Strauch oder einem großen Kübel hervorragen lassen. Man kann sie auch mit einem anderen Element kombinieren, vielleicht einem Springbrunnen oder einem Wasserspeier. Kleine Dekorationen kommen oft besser zur Geltung, wenn man sie mit einem Sockel etwas vom Erdboden anhebt.

Formschnitt

Auch Formschnittfiguren gehören zu den klassischen Elementen der Gartendekoration. Man kann Sträucher in verschiedenste Gestalt bringen, von einfachen geometrischen Formen wie Würfel, Kugel oder Kegel bis zu kunstvoll nachgebildeten Lebewesen. Pfauen sind besonders beliebt. Große, getrimmte Formschnittfiguren sind teuer, doch mit etwas Geduld kann man sie selbst gestalten. Gut geeignet sind vor allem kleinblättriger Buchsbaum (Buxus sempervirens) und Eibe (Taxus baccata), die beide sehr dicht wachsen.

Fundstücke

Viele andere Objekte eignen sich ebenso als Gartendekoration und können leicht den Platz einer klassischen (und teuren) Statue einnehmen. Knorrige Baumstümpfe, die von Wind und Wetter ausgebleicht sind, sehen sehr interessant aus. Man kann sie als eigenständige Dekoration verwenden, aber auch als „Sockel" für einen Kübel oder ein weiteres Objekt. Sofern man sie mit Geschick auswählt, können sogar Gegenstände aus verrostetem Metall stilvoll aussehen, vor allem, wenn sie thematisch in den Garten passen, wie etwa eine alte Gießkanne oder Gartenwerkzeug aus vergangenen Zeiten.

Sehr lohnend kann der Besuch in einem Abrissunternehmen sein. Hier kann man verschiedenste originelle Elemente entdecken, beispielsweise Stücke von behauenem Stein oder Fragmente von schmiedeeisernen Gittern. Alte Tonrohre oder Schornsteinköpfe können dekorativ aussehen, sie eignen sich sogar als umfunktionierte Pflanzbehälter. Eine preiswerte Fundgrube ist auch der Strand. Besonders nach einem Sturm kann man dort viele abenteuerliche Dinge finden: Treibholz, Netzschwimmer, Bojen oder Taue.

Linke Seite: Statuen und Pflanzen harmonieren großartig miteinander. Geschickt platziert und kombiniert können sie den Garten erheblich bereichern.

Unten: Zierliche Formschnittsträucher lassen sich im Kübel ziehen. Sie brauchen wenig Platz und können bei Bedarf umgestellt werden.

1
Beim Formschnitt legen Sie im ersten Jahr die gewünschte Form der Pflanze fest.

2
Es dauert einige Jahre, bis die Form zugewachsen ist und wirklich perfekt aussieht.

❶

❷

FORMSCHNITT

Man kann einen vorhandenen Busch in eine festgelegte Form „trimmen", doch es dauert lange, bis er sich erholt hat und die inneren Zweige wieder Blätter treiben. Günstiger ist es, mit einer Jungpflanze zu beginnen. Einfache Formen erhält man, indem man die Triebe immer dann stutzt, wenn sie die gewünschte Länge erreicht haben. Für eine Kugel sollten alle Triebe von der Mitte aus die gleiche Länge haben. Eine Holzschablone hilft beim akkuraten Stutzen.

Kompliziertere Formen gestaltet man über einem Rahmen aus Holz oder Metall. Die Zweige werden an dem Rahmen festgebunden und dann in die gewünschte Form geschnitten. Der Rahmen sollte angebracht werden, solange der Strauch noch jung ist. Er bleibt zunächst sichtbar, bis er ganz überwachsen ist. Wenn der Strauch die gewünschte Form hat, kann man den Rahmen entfernen oder im Strauch belassen, damit er die Figur weiterhin stützt.

GANZ PRIVAT

Einen kleinen Garten kann man nicht wirklich in ein Zimmer im Freien verwandeln, denn im Gegensatz zu einem Raum im Haus ist der Garten nicht abgeschlossen. Privatsphäre ist hier Mangelware. Die Nachbarn sind gleich hinter dem Zaun, sie sehen aus den Fenstern, sie verursachen Lärm und Gerüche. Menschen und Autos kommen am Garten vorbei, Flugzeuge fliegen am Himmel. All diese Beeinträchtigungen können aus der friedlichen Oase einen Albtraum machen. Auch wer noch so gerne Gesellschaft hat, möchte gewiss einiges tun, um die Außenwelt auszusperren.

Um im Garten entspannen und regenerieren zu können, muss man ihn in einen privaten Bereich verwandeln. Der einfachste legale Weg besteht darin, sich zu verstecken, indem man seine Grenzen so gestaltet, dass die Umgebung dahinter einfach verschwindet. Wenn die Grenzen dichter werden, nehmen Geräusche und Gerüche langsam ab, wenngleich sie sich nie ganz verflüchtigen werden.

GUT VERSTECKT

Um sich doppelten Abstand zum Nachbarn zu schaffen, könnten Sie sich mit einer weiteren „Isolierschicht" umgeben. Lauschige, geschützte Winkel wie Lauben in einer versteckten Gartenecke helfen dabei, die Umwelt auszublenden und unerwünschte Annäherungen zu vermeiden. So eine Laube ist auch günstig, wenn man sich einmal von der eigenen Familie zurückziehen möchte oder mit ausgesuchten Personen ungestört sein will. Es geht im Leben natürlich nicht darum, sich vor den Mitmenschen zu verstecken, doch ab und zu ist der Rückzug aus der hektischen Welt unbedingt nötig.

HÄSSLICHKEITEN

Nicht nur die Nachbarn oder sich selbst möchte man gelegentlich verstecken, sondern auch Gegenstände, die absolut nicht in die gewünschte Gartenszenerie passen und die man dennoch nicht ganz beseitigen kann. Das kann eine unansehnliche Garage oder ein Schuppen sein, vielleicht auch ein hässlicher Öltank. Auch Müll-

tonnen und andere Gebrauchsgegenstände sind selten attraktiv und können eine Tarnung gebrauchen. Ein dekoratives Spalier kann schon ausreichen, um sich das Leben etwas angenehmer zu machen.

HEREINSPAZIERT

In letzter Zeit werden auch in Deutschland immer mehr Gärten der Öffentlichkeit zugänglich gemacht, zumindest an bestimmten Tagen oder auf (telefonische) Anfrage hin. Meist handelt es sich um Liebhabergärten wie reine Staudengärten oder Feuchtbiotope, oder sie gehören Taglilienzüchtern und Funkiensammlern. Manchmal sind es auch die Privatgärten von Gartenarchitekten, die als „Arbeitsprobe" besichtigt werden können.

GARTEN MIT PERSÖNLICHKEIT

Ein gelungener Garten ist immer etwas sehr Persönliches. Er sollte die Interessen, den Geschmack und den Charakter der Besitzer widerspiegeln. Wer einen Hang zur Unordnung hat, wird auch den Garten locker und zwanglos gestalten. Ordentliche Menschen bevorzugen meist formale Gärten mit einer klar erkennbaren Struktur.

Indem ein Gärtner seinem Grundstück seine individuelle Note verleiht, macht er ihn zu etwas Persönlichem. Gästen werden die Besonderheit auffallen, und sie werden ihn interessanter und anregender finden als einen Garten, der offensichtlich nur eine Kopie fremder Ideen ist und nicht so recht zum Besitzer passt.

SCHREBERGÄRTEN

Falls Sie keinen Garten am Haus haben, kommt vielleicht die Anmietung eines Schrebergartens für Sie in Frage. Bedenken Sie hierbei, dass Sie sich meist dem ansässigen Verein anschließen und dessen Regeln befolgen müssen. Auf der anderen Seite bietet diese Interessengemeinschaft auch Vorteile wie gemeinsamen Einkauf von Gartenbedarf, Vermittlung von Know-how und Geselligkeit.

DIE NACHBARN VERSTECKEN

Den meisten Menschen ist ihr Privatleben wichtig, und sie möchten sich – in gewissem Maße – im Garten ebenso frei bewegen können wie im Haus. Um sich völlig von den nächsten Nachbarn zu distanzieren, kann man letztlich nur wegziehen. Man kann ihre Nähe aber problemlos weniger spürbar machen.

ZAUN ODER HECKE?

Eine praktische Lösung ist eine Mischung aus Zaun und Hecke. So ein Element braucht kaum Platz und wenig nahrhaften Boden, es ist einfach zu errichten und unkompliziert zu pflegen. Zuerst wird ein Maschendrahtzaun aufgestellt. Die Pfosten werden in Abständen von 1,8 m im Boden verankert, dann spannen Sie oben und in der Mitte je einen Draht. Anschließend wird das Maschengeflecht an diesen beiden Spanndrähten befestigt. Nun pflanzen Sie in Abständen von 60 cm Efeu an den Zaun und lassen ihn daran in die Höhe klettern. Im Lauf der Zeit bedeckt er den gesamten Zaun und bildet eine Art schmaler Hecke. Alljährlich im Frühling wird er, wie eine gewöhnliche Hecke, nach Bedarf zurückgeschnitten.

Eine ganz einfache Lösung besteht darin, undurchsichtige Zäune zu errichten. Um neugierige Blicke fern zu halten, sollte ein Zaun mindestens 2 m hoch sein. Wenn bereits ein Zaun existiert, montieren Sie ihn nicht ab, ohne vorher zu klären, wem er gehört. Ist er nicht Ihr Eigentum, können Sie kaum erwarten, dass der Nachbar ihn erneuert – es sei denn, er ist einsturzgefährdet. Folglich müssen Sie eventuell einen zweiten Zaun auf Ihrem Grundstück errichten. Er muss nicht unbedingt aus Holz sein. Falls jedoch der vorhandene Zaun lediglich aus einigen Spanndrähten besteht, ist ein geschlossener Zaun die bessere Lösung. Um Konflikte zu vermeiden, sollten Sie sich in jedem Fall mit Ihren Nachbarn absprechen.

Die weiche Lösung

Die wahre Gärtnerlösung für das Problem bieten natürlich Pflanzen. Eine schmale Hecke reicht schon aus; man kann die Bepflanzung aber auch breiter anlegen, sodass die Barriere zwischen dem Wohnbereich des Gartens und der Grundstücksgrenze dicker wird. Für diesen Zweck eignen sich alle Arten von Pflanzen, Sträucher bieten jedoch rund ums Jahr einen gewissen Schutz. Hohe Gräser und Stauden geben im Sommer Sichtschutz, aber nicht im Winter, wenn man sich ohnehin seltener im Garten aufhält. Der Vorteil von Stauden ist, dass sich ihr Bild ständig verändert. Sie wirken abwechslungsreicher als eine reine Gehölzpflanzung.

Immergrüne bilden eine ganzjährige Barriere, die vor allem zur Straßenseite des Gartens ihre Vorzüge hat. Eibe und Ilex wachsen zwar langsam, bilden aber besonders dichte Hecken, die für einen guten Lärmschutz sorgen und kaum Einblicke zulassen.

Kletterpflanzen

Spaliere mit Kletterpflanzen sind ebenfalls ein passabler Sichtschutz. Sie nehmen weniger Platz ein und verschwinden im Winter weitgehend, wenn die Privatsphäre im Garten kaum eine Rolle spielt. Wenn sich im Winter die Grenzen auflösen, gelangt mehr Licht in den Garten, und das kann von Vorteil sein.

Geräusche ausblenden

Manche Menschen neigen dazu, den Lärm der Nachbarn kurzerhand zu übertönen, um ihn nicht zu hören. Sinnvoller ist es, dem Ohr im eigenen Garten eine angenehme Alternative anzubieten. Das Plätschern eines Wandbrunnens in der Nähe Ihres Sitzplatzes beispielsweise kann die Geräusche aus dem Nachbargarten völlig übertönen. Natürlich ist das kein Patentrezept für eine ungewöhnlich laute Umgebung, in den meisten Fällen reicht so ein Kunstgriff aber aus.

Maßvoll bleiben

Übertreiben Sie es nicht. Wenn Sie eine 10 m hohe Hecke aus Leylandzypressen (x *Cupressocyparis leylandii*) pflanzen, riskieren Sie gerichtliche Auseinandersetzungen. Hohe Hecken werfen nicht nur Schatten, sie verbrauchen auch viele Nährstoffe und entziehen Nachbarpflanzen die Lebensgrundlage. Sie können sogar die Lichtverhältnisse im Haus verändern.

So eine schattige Laube ist an
einem warmen Sommertag ein
kühles, geschütztes Plätzchen.

RÜCKZUGSORTE

Ein abgeschlossenes Versteck, in das man sich zum Lesen oder Ruhen zurückziehen kann, hat seinen besonderen Reiz und ist auch in einem kleinen Garten realisierbar. In einer behaglichen kleinen Laube oder unter einer begrünten Pergola ist selbst für ein Gespräch zu zweit genug Platz. Durch Abgrenzungen verschiedener Art lässt sich sogar ein Bereich des Gartens komplett abschirmen.

SONNENBLUMEN-BARRIERE

Graben Sie im Herbst oder Winter an der Stelle, an der Sie einen Sichtschutz wünschen, einen 50 cm breiten Streifen Erde gründlich um, und arbeiten Sie dabei möglichst viel Kompost unter. Im zeitigen Frühling legen Sie je zwei Sonnenblumensamen (Helianthus) in kleine Töpfe und stellen diese an einen warmen Platz, aber nicht in die pralle Sonne. Nach der Keimung entfernen Sie die schwächere der beiden Jungpflanzen. Wenn die Pflänzchen größer werden, topfen Sie sie bei Bedarf um. Wenn keine Gefahr von Nachtfrösten mehr besteht, können die Pflanzen an ihren endgültigen Platz ins Beet gesetzt werden. Pflanzen Sie sie in versetzten Reihen in Abständen von 30 bis 45 cm. Bald wächst eine dekorative Barriere heran, die bis in den Herbst Freude macht.

Lauben sind eine wunderbare Erfindung für den Garten. Einerseits sitzt man in ihnen ganz geschützt, andererseits ist man doch an der frischen Luft und ist Sonne, Wind und Regen nahe. Außerdem bieten sie ideale Möglichkeiten, Lieblingspflanzen ganz in der Nähe zu haben – vor allem Kletterpflanzen.

So eine Laube muss kein prächtiges Bauwerk sein. Ein paar senkrechte Pfosten mit Querbalken, die das Blätterdach halten, reichen völlig aus. Dieses einfache Grundgerüst kann man dann nach Belieben weiter ausbauen, etwa indem man drei Seiten mit Spalieren bestückt, an denen die Kletterer in die Höhe wachsen.

Eine Laube sollte so groß sein, dass mindestens eine Sitzgelegenheit darin Platz findet. Wollen Sie dort mit Gästen zusammensitzen, müssen Tisch und Stühle untergebracht werden, und man sollte auch etwas Bewegungsfreiheit zum Servieren einplanen.

Pergolen

Eine Pergola ist in der Regel größer und höher als eine Laube. Meist wird sie über einem Weg errichtet, sie eignet sich aber auch zur Überdachung eines Essplatzes. Es handelt sich ebenfalls um eine Kombination aus senkrechten Pfosten und waagerechten Querbalken, doch sind die Seiten offener als bei einer Laube. Letztlich ist eine Pergola ein Gerüst für ein Blätterdach. Wein eignet sich ausgezeichnet zum Begrünen, denn seine dekorativen Blätter werfen einen wunderschönen Schatten und verhindern zugleich Einblicke aus höher gelegenen Fenstern.

Innere Grenzen

Ein Garten, der mit einem Blick zu überschauen ist, wirkt meist recht langweilig. Viel besser ist es, ihn zu untergliedern, sodass manche Bereiche versteckt bleiben, bis man sie betritt. Bestehen solche inneren Grenzen aus locker angeordneten Sträuchern oder aus strengen Hecken, nehmen sie relativ viel Platz ein, was in einem kleinen Garten von Nachteil ist.

Eine ideale Lösung zum Abgrenzen von Bereichen sind Spaliere. Rustikale Holzspaliere sind nicht teuer, und sie sehen recht attraktiv aus, vor allem, wenn sie mit Rosen überwuchert sind. Man kann Spaliere aus gerade gewachsenen Ästen leicht selbst bauen. Fertige Spaliere bietet der Fachhandel in vielen Formaten und Stilen an. Kletterpflanzen bedecken ein Spalier selten vollständig, und es kann durchaus geheimnisvoll sein, wenn man hier und da einen Blick auf das erhascht, was sich hinter der Trennwand verbirgt.

Waldlichtung

Ein privates Versteck muss keineswegs ein gebautes Element sein. Letztlich geht es ja nur um die Abgeschiedenheit. Wer genug Platz für viele Sträucher und vielleicht einen oder zwei Bäume hat, kann auch ein Dickicht pflanzen und eine kleine Lichtung frei lassen. Diese Fläche kann man pflastern oder, falls die Bäume nicht zu viel Schatten werfen, als Rasen gestalten.

Eine Laube, überwachsen mit
üppigem Grün, ist ein wunder-
barer intimer Rückzugsort. Bei
entsprechender Größe kann
man darin auch essen.

UNERLÄSSLICH, ABER HÄSSLICH

Hässliche Dinge gibt es in jedem Garten. Allzu leicht gewöhnt man sich an ihren Anblick, und dann vereiteln sie alle Versuche, den Garten zu verschönern. Deshalb sollten sie gleich versteckt werden.

Alles, was nicht zum gewünschten Bild des Gartens gehört, kann sich störend auswirken. Das können große Objekte sein, etwa eine Garage oder ein Schuppen. Aber auch kleine Elemente wie Gullydeckel können unangenehm auffallen, wenn sie sich am falschen Platz befinden. Öl- oder Gastanks sehen selten dekorativ aus. Manchmal ist nicht nur das hässliche Aussehen das Problem, sondern eine von dem Gegenstand ausgehende Gefahr. Beispiele sind Gewächshäuser oder Frühbeete, deren Glas für kleine Kinder gefährlich sein kann.

In kleinen Gärten fallen Unansehnlichkeiten sofort auf, darum sollte man sie unbedingt kaschieren. Wird der Garten in Bereiche gegliedert, sieht man die unerfreulichen Objekte nicht sogleich.

Linke Seite: Mülltonnen sind nicht gerade eine Augenweide, aber man kann sie recht einfach verstecken. Hier wären Türen eine gute Lösung.

Frische Farbe

Eine einfache Möglichkeit, etwas zu verstecken, ist ein Anstrich. Ein grüner Öltank beispielsweise fällt viel weniger auf als ein rot-weißer. Das gleiche gilt für Garagen und Schuppen. Eine Alternative wäre, das Ärgernis mutig zu bemalen und zum Blickfang aufzuwerten. In einem modernen Garten oder einem mit vielen dekorativen Objekten bieten sich verschiedenste Möglichkeiten. Den Öltank beispielsweise könnte man naturalistisch oder abstrakt bemalen.

Die Kunst der Tarnung

Ein passionierter Gärtner wird Hässlichkeiten hinter Pflanzen verbergen. Man kann die Garage oder den Schuppen einfach von Kletterpflanzen überwuchern lassen. Probleme treten nur dann auf, wenn man die Wände eigentlich regelmäßig mit einem Holzschutzmittel behandeln müsste. Dann müssen die Kletterpflanzen abgenommen werden; die meisten Triebe brechen dabei ab. Efeu eignet sich besonders gut zum Begrünen von Bauten, weil er immergrün ist. Um ihn im Sommer zu beleben, kann man eine Clematis dazu pflanzen, die ihn mit ihren Blüten schmückt. Optimal ist *Clematis viticella*, die im Frühling dicht über dem Boden abgeschnitten wird.

Spaliere sind hilfreich, will man verhindern, dass Kinder in das Glas von Gewächshäusern oder Frühbeeten stürzen. Falls nötig, kann man ein Gewächshaus komplett mit Spalieren umgeben und für die Erwachsenen eine Pforte einbauen. Wenn die Kinder größer werden, lässt sich die Pforte leicht aushängen, und der Zugang wird einfacher.

Gullydeckel

Das Problem hässlicher Gullydeckel am falschen Platz lässt sich meist auch auf einfache Weise lösen: Man stellt kurzerhand einen Kübel darauf. Es gibt Kübel in geeigneten Formaten, die den Deckel komplett bedecken. Bedenken Sie aber, dass man den Kübel gelegentlich beiseite schieben muss, um den Deckel öffnen zu können. Liegt der Deckel in einem Beet, pflanzen Sie daneben eine ausladende Art wie das Stachelnüsschen (*Acaena* spp.). Die Pflanze verdeckt den unansehnlichen Deckel im Nu, kann aber bei Bedarf radikal zurückgeschnitten werden. Wer Gullydeckel auf diese Weise versteckt, sollte sich ihre genaue Position merken oder gar notieren.

Die Rumpel-Ecke

In fast jedem Garten findet man ein Gemisch von Gebrauchsgegenständen, von den Mülltonnen bis zur Wäscheleine. Manchmal müssen Fahrräder oder ein Zementmischer abgestellt werden, und oft sammeln sich Dinge an, die lange nicht benutzt wurden, aber auch noch nicht weggeworfen werden sollen. Ein Spalier schirmt solche Ecken ab, ein Flechtzaun verdeckt sie ganz. Flechtzäune sehen etwas kahl aus, doch auch hier schaffen Kletterpflanzen Abhilfe.

PFLANZEN ALS SICHTSCHUTZ

Die meisten Arten wachsen anfangs eher langsam, doch haben sie sich nach ein oder zwei Jahren etabliert, überwuchern sie rasch Mauern und Zäune. Knöterich und Jungfernrebe gelten schon fast als aggressiv wuchernd. Auch die übrigen Kletterpflanzen bedecken schnell eine größere Fläche, die Dichte des Blattkleides ist jedoch unterschiedlich.

Clematis montana und *C. viticella* (Waldrebe)
Fallopia baldschuanica (Knöterich)
Hedera helix (Efeu)
Humulus lupulus 'Aureus' (Gemeiner Hopfen)
Hydrangea anomala petiolaris (Kletterhortensie)
Lonicera periclymenum (Geißblatt)
Parthenocissus henryana (Jungfernrebe)
Rosa 'New Dawn' (Kletterrose)

KINDER, KINDER

Kinder – eigene und deren Freunde – benutzen den Garten womöglich öfter als Sie selbst. Das muss bei der Planung bedacht werden. Der Versuch, sie zu ignorieren und einen makellosen Rasen zu kultivieren, erledigt sich von selbst, wenn sie zu spielen beginnen. Planen Sie die Kleinen lieber gleich mit ein.

Wer einen Garten für Kinder plant, sollte sich an den Wünschen und Bedürfnissen der Kinder orientieren und nicht an den Vorstellungen der Erwachsenen. Kinder sind oft mit ganz einfachen Dinge zufrieden, etwa einem freien Bereich zum Spielen und einem geheimen Versteck im Gebüsch, das je nach Spielidee immer einen neuen Namen bekommt. Auch Klettergerüste und Sandkisten sollten vor allem kindgerecht sein. Erst an zweiter Stelle steht die Frage, ob sie gut aussehen und optisch in den Garten passen.

Mit etwas Überlegung kann man aber die Spielbereiche der Kinder umfunktionieren, wenn sie ihnen entwachsen sind. Die Sandkiste kann zum Teich werden, ein hölzernes Klettergerüst wird mit einer zusätzlichen Holzverkleidung zum Schuppen oder zum Gartenhaus. Ein Spielhaus kann später zum Aufbewahren von Fahrrädern und anderen Dingen benutzt werden.

Sicherheit

In vielerlei Hinsicht ist ein Garten ein idealer Spielplatz für Kinder. Der Bereich hat feste Grenzen, man hat den Nachwuchs stets im Blick und kann grundsätzlich bestimmen, womit er spielen darf. Für Kinder gilt, dass alle Zugänge mit Pforten versehen sein sollten, damit die Kleinen nicht unbemerkt entwischen können. Wichtig ist, dass Kinder weder durch die Stäbe von Zäunen schlüpfen noch darüber klettern können. Auch Scharniere und Schlösser sollten kindersicher sein.

Giftige Pflanzen

Ein durchaus ernst zu nehmendes Problem, das leider oft übersehen wird, sind die giftigen Pflanzen im Garten. Manche wirken giftig, wenn sie verschluckt werden. Sie können Übelkeit, Erbrechen oder Krämpfe verursachen, einige sind sogar tödlich. Andere Pflanzen sondern einen Saft ab, der üble Hautreizungen hervorruft. Wenn Kinder ins Spiel vertieft sind, beziehen sie oft ihre Umgebung mit ein, und Essen oder Füttern kann durchaus zum Spiel gehören. Dann werden giftige Beeren oder Blätter in der Phantasie zu Süßigkeiten. Diese Gefahr lässt sich vermeiden: Verzichten Sie völlig auf Giftpflanzen. Falls es sich um Ihre besondere Lieblingspflanze handelt, pflanzen Sie sie später, wenn die Kinder etwas größer sind.

Niemand ist zu klein

Kinder imitieren gern die Welt und die Handlungsweisen der Erwachsenen, und es ist nie zu früh, ihnen das Gärtnern nahe zu bringen. Die Lust, den Großen zu helfen, vergeht zwar meist schnell; ein eigenes kleines Beet, einige Pflanzen und Samentüten können dagegen Wunder wirken. Kinder sind bekanntlich ungeduldig und mögen ungern warten. Ideal sind darum Pflanzen, die zuverlässig keimen und schnell Resultate zeigen, etwa Ringelblumen und Radieschen. Und verzweifeln Sie nicht, wenn der „Garten" als Unkrautbeet endet. Sie können es ja im nächsten Jahr noch einmal versuchen.

GIFTIGE PFLANZEN

Aconitum spp. (Eisenhut)

Arum spp. (Aronstab)

Brugmansia (Datura, Engelstrompete)

Colchium spp. (Herbstzeitlose)

Daphne spp. (Seidelbast)

Digitalis spp. (Fingerhut)

Euphorbia spp. (Wolfsmilch)

Heracleum mantegazzianum (Herkulesstaude)

Laburnum spp. (Goldregen)

Ligustrum spp. (Liguster)

Rhamnus spp. (Essigbaum)

Ruta spp. (Weinraute)

Solanum spp. (Nachtschatten)

Taxus spp. (Eibe)

Wisteria spp. (Blauregen)

Unten: Spielbereiche für Kinder sollten vom Haus aus einzusehen sein. Ein weicher Bodenbelag wie Rindenhäcksel macht Stürze weniger gefährlich.

Unten: Spielzeuge wie zum Beispiel diese Windmühle machen den Garten sowohl für Kinder als auch für Erwachsene interessanter.

Ganz unten: Sandkisten sind bei allen Kindern beliebt. Verwenden Sie keinen scharfen Bausand, sondern speziellen Spielsand.

SPIELBEREICHE

Wenn Kinder in einem kleinen Garten spielen, nehmen sie ihn oft völlig in Beschlag. Falls Sie das nicht möchten, könnten Sie einen speziellen Spielbereich anlegen, möglichst mit einem weichen Bodenbelag, der Stürze abfängt. Die Herausforderung besteht darin, den Bereich so zu gestalten, dass die Kinder ihn auch annehmen.

HÖHLEN

Kinder lieben Spielhäuser, aber noch begehrter sind Höhlen. Wenn ein Stück des Gartens für diesen Zweck geopfert wird, können sie dort viele Stunden verbringen. Eine wenig einsehbare Ecke, am besten am äußersten Ende des Gartens, ist ideal; noch besser ist es, wenn sie hinter dichten Sträuchern versteckt ist. Dafür sind weder viel Platz noch viele Pflanzen nötig. Vorhandene Rhododendren eignen sich am besten, weil sie durch ihren Wuchs eine natürliche Höhle bilden. Schneiden Sie einige Sträucher so weit zurück, dass ein freier Bereich entsteht. Dann lassen Sie die Kinder ihre Höhle selbst gestalten. Bis die Sträucher herangewachsen sind, vergehen einige Jahre, deshalb sollte man sie frühzeitig pflanzen. Stellen Sie sich darauf ein, dass einige Sträucher ersetzt werden müssen, wenn das „Höhlenalter" überstanden ist.

GRASSAMEN FÜR STRAPAZIERRASEN (REIN ODER ALS MISCHUNG)

Axonopus – für warme Regionen
Eremochloa ophiuroides – für warme Regionen
Lolium perenne – für kühle Regionen
Paspalum notatum – für warme Regionen
Poa pratensis – für kühle Regionen

Was sich alle kleinen und großen Kinder wünschen, ist ein robuster, aber weicher Rasen, auf dem sie nach Herzenslust spielen dürfen. Wo Kinder Fußball spielen und Fahrrad fahren, braucht man gar nicht erst zu versuchen, einen sensiblen Golfrasen anzulegen. Greifen Sie lieber gleich zu einer robusten Sorte.

Weiche Landung

Wo Kinder klettern oder fallen könnten, sollte man den Boden großzügig mit Rindenhäckseln bedecken. Das Material ist relativ weich und bremst Stürze ab. Wenn ein Kind von einem Klettergerüst stürzt, gibt es dann zwar einige Schrammen und Beulen, aber keine Knochenbrüche. Die Schicht muss gelegentlich geharkt werden. Die Schichtstärke sollte überall mindestens 5 cm betragen, besser mehr.

Klettergerüste

Klettergerüste kann man selbst bauen oder als Bausatz kaufen. Selbst gebaute Modelle bestehen meist aus Holz. Achten Sie genau darauf, dass sie robust und stabil sind und nicht umfallen können. Vermeiden Sie alle Ecken und Löcher, in denen Kinder sich die Finger klemmen könnten. Und wählen Sie glattes Holz ohne Splitter. Wenn Sie ein fertiges Gerüst kaufen, beachten Sie beim Aufbau genau die Herstellerhinweise, und verankern Sie das Klettergerüst sicher im Boden.

Spielhäuser

Spielhäuser sind bei Kindern sehr beliebt. Man kann sie fertig kaufen, es macht aber auch großen Spaß, selbst eins zu bauen. Das ist besonders dann sinnvoll, wenn das Haus später für einen anderen Zweck genutzt werden soll. Ob Sie das Haus selbst entwerfen oder die Kinder sich ein „Hexenhaus" wünschen: Sicherheit und Stabilität haben weitaus mehr Bedeutung als das Aussehen.

Eine besonders aufregende und etwas kompliziertere Variante ist das Baumhaus. Dies eignet sich nur für ältere Kinder, und oft haben Erwachsene daran ebenso viel Spaß wie die Kinder. Ein vorhandener Baum ist der beste Platz, doch wo er fehlt, kann man sich behelfen. Stabile Pfosten wie alte Telegrafenmasten reichen völlig aus, denn es kommt vor allem darauf an, dass das Häuschen hoch genug ist. Sie können ein kleines architektonisches Kunstwerk vollbringen oder den Bau den Kindern überlassen – wobei dann skurrile Machwerke entstehen können. Ehe Sie beginnen, sollten Sie klären, ob für den Bau eine Genehmigung erforderlich ist.

Sandkisten

Sandkisten kommen bei Kindern wohl nie aus der Mode. Generationen von Kindern haben Sandburgen gebaut und sie wieder zerstört. Plant man zu Beginn geschickt, lässt sich die Sandkiste später, wenn die Kinder größer sind, in einen Teich verwandeln. Sofern die Sandkiste gut einzusehen ist, könnte man sie auch mit einem Planschbecken kombinieren.

Unten: Wasser zieht Kinder magisch an, doch es birgt erhebliche Gefahren. Lassen Sie Kinder nie unbeaufsichtigt am Wasser spielen.

Ganz unten: Ein Becken mit großen Steinen enthält kein stehendes Wasser. Wenn die Kinder groß sind, kann es wieder zum Teich werden.

Unten: Größere Kinder finden Baumhäuser hinreißend. Sie müssen aber sorgfältig gesichert sein, und mancherorts ist eine Genehmigung erforderlich.

TIERE IM GARTEN

Viele Menschen lieben das Gärtnern, weil sie dabei die Nähe zur Natur erleben. Das mag wie ein Klischee klingen, und doch spürt man beim Arbeiten im Garten nicht nur den Boden in den Händen und die Pflanzen, die darin wachsen. Man nimmt auch Vögel, Insekten und andere Tiere ringsum wahr, man beobachtet ihr Aussehen und ihr Verhalten genauer und lauscht ihren Geräuschen. Nichts ist faszinierender, als beim Jäten am Teichufer eine schillernde Libelle vorbeigleiten zu sehen.

Der Bau von Straßen und Städten verändert die Natur, natürliche Lebensräume werden immer knapper, und die Tier- und Pflanzengemeinschaften nehmen jede grüne Oase dankbar an. Wer Vögeln und anderen Tieren Nahrung und Unterschlupf anbietet und auch Wildblumen in seinem Garten duldet, schafft ein Reservat, in dem Tiere geschützt leben und eventuell sogar neue Lebensräume erobern können. Auch ein Garten mitten in der Stadt kann ein wertvoller Beitrag zum Naturschutz sein.

Wenn Sie Tiere in Ihren Garten einladen, erhalten Sie von ihnen als Gegenleistung Unterstützung bei der Gartenpflege. Wo viele verschiedene Blühpflanzen wachsen, vor allem alte, nektarreiche Arten, stellen sich bald Schwebfliegen, Florfliegen und Marienkäfer ein. All diese Insekten helfen, eventuellen Blattlausbefall einzudämmen. Auch Vögel und andere kleine Tiere bekämpfen Schädlinge. Meisen fressen Blattläuse. Stare, Igel und Kröten vertilgen große Mengen an Schnecken. Blattläuse und Schnecken sind die übelsten Schädlinge in Ziergärten, darum lohnt es sich, einige „tierische Helfer" einzuladen, die natürlichen Pflanzenschutz betreiben.

DAS REINE VERGNÜGEN

Es ist wirklich ein schönes Gefühl, in der Gesellschaft von Schmetterlingen und Vögeln im Garten zu werkeln oder zu sitzen und sich als Teil der Natur zu fühlen. Stellen Sie sich vor, mit geschlossenen Augen auf einer nackten, kahlen Terrasse zu sitzen und nichts als den Lärm der Straße und die lautstarke Unterhaltung der Nachbarn zu hören. Und stellen Sie sich dann vor, neben einem Kräuterbeet zu sitzen, dem kontinuierlichen Summen der Bienen zu lauschen und Schmetterlinge zu beobachten, die von Blüte zu Blüte fliegen. Dazwischen liegen wahrlich Welten.

Es gibt viele Möglichkeiten, den Garten so zu gestalten, dass verschiedenste Tiere vorbeischauen oder sich sogar dort ansiedeln. Man kann Wasser und Nahrung anbieten, aber auch Ruhe- und Aussichtsplätze sowie Kästen zum Nisten und Aufziehen der nächsten Generation. Ein Teil des Gartens könnte den Wildblumen überlassen werden, teilweise um die Arten zu erhalten, teilweise als Nahrung für Vögel und Insekten, die einheimische Arten meist den importierten und gezüchteten Arten vorziehen.

DIE BEGEISTERUNG WEITERGEBEN

Die Liebe zur Natur stirbt nie aus, sie ist an keinen Ort gebunden, und es lohnt sich, sie auch Kindern zu vermitteln. Die Wahrscheinlichkeit, dass Kinder dafür empfänglich sind, wird größer, wenn sie mit dem Anblick und den Geräuschen von Vögeln, Insekten und Wildblumen aufwachsen. Die Natur wird einen festen Platz in ihrem Leben einnehmen, und die Faszination wird sie ihr Leben lang nicht mehr loslassen.

Ein Refugium für die Tiere in der Stadt kann ihnen nicht den natürlichen Lebensraum einer von Umweltbelastungen verschonten Landschaft ersetzen, es ist aber ein wichtiger Beitrag, um die Tier- und Pflanzenarten zu erhalten, die durch sich ausdehnende Städte zunehmend verdrängt werden. Es ist überraschend, wie viele Tiere sich bald in einem natürlich gestalteten Garten einstellen. Beobachten Sie einmal die verschiedenen Vögel, die Ihren Garten besuchen – Sie werden staunen, wie viele unterschiedliche Arten es sind. Wenngleich Sie die meisten Pflanzen selbst aussäen oder pflanzen, werden sich einige auch auf andere Weise ansiedeln, etwa durch Samen, die der Wind herbeiweht, die in der Erde anderer Pflanzen ruhen oder die über den Vogelkot in den Garten gelangen. Auch hier ist die Artenvielfalt so erstaunlich, dass sich das genaue Hinsehen lohnt.

VÖGEL FÜTTERN

Vögel verbringen viel Zeit mit der Nahrungssuche – für sich selbst und zu gegebener Zeit auch für ihre Jungen. Wenn ein kleiner Garten ihnen reichlich Nahrung bietet, werden sie bald regelmäßig kommen, statt nach anderen Futterquellen zu suchen. Gekauftes Vogelfutter sollte nur im Winter – bei Schnee oder Frost – gegeben werden. Es geht vor allem darum, geeignete Pflanzen, z.B. Beerensträucher und Wildrosen, in den Garten zu integrieren.

Wer Vögel in den Garten einladen will, sollte Vogelfutter und ungesalzene Erdnüsse kaufen und sich schon bei der Planung des Gartens Gedanken über geeignete Plätze für Futterhäuschen und andere Futterstellen machen. Frei stehende Futterhäuser finden leicht einen Platz und lassen sich immer wieder umstellen, anders ist es, wenn Sie Futterstellen aufhängen wollen. Für die Vögel ist lediglich wichtig, dass die Futterstelle gut geschützt ist und vor allem Katzen sie nicht erreichen können. Andererseits macht es viel Spaß, die Vögel zu beobachten; darum sollten Sie die Futterstellen so anbringen, dass Sie sie vom Fenster aus sehen können. Füttern sollten Sie allerdings nur im Winter.

Futterbehälter

Stil und Dekoration einer Futterstelle spielt für die Vögel keine Rolle. Wichtig ist aber, dass sich das Modell leicht abnehmen und reinigen lässt. Die Reinigung sollte im Interesse der Gesundheit der Vögel nicht vernachlässigt werden. Außerdem sollte man eventuell Futterbehälter wählen, an denen sich nur die kleineren Vögel bedienen können. Die größeren Vögel sind gelegentlich recht dreist und vertreiben die kleinen. In einigen Gegenden können auch Eichhörnchen als Nahrungskonkurrenten auftreten. Geeignete Futtermittel sind Nüsse, Samen und Fett. Man kann sie getrennt anbieten oder das Fett schmelzen und über das feste Futter gießen.

Natürlich vorkommende Nahrung

Viele Vögel ernähren sich von Beeren und Samen. Planen Sie darum bei der Gestaltung des Gartens Bäume, Sträucher und andere Pflanzen als Angebot für die Tiere. Einige kleine Bäume sind bei Vögeln sehr beliebt. Eberesche *(Sorbus)*, Holunder *(Sambucus)* und Stechpalme *(Ilex)* tragen reichlich Beeren, Birken liefern viele Samen. Daneben gibt es verschiedene Sträucher mit dekorativem Beerenschmuck. Einige werden gleich nach der Reifung vertilgt, andere bleiben stehen und bilden im Winter eine wichtige Nahrungsquelle.

Auch die Samen mehrjähriger Pflanzen sind bei vielen Vögeln begehrt. Finken und andere machen sich gern in Scharen über Samenstände her. Schneidet man die verwelkten Stauden im Herbst nicht ab, sieht der Garten zwar etwas unordentlich aus, doch die Vögel nehmen diese zusätzliche Nahrungsquelle gern an. Außerdem bietet das Gestrüpp vielen Insekten Unterschlupf, sodass sich bald auch Vögel einstellen, die diese Insekten fressen.

Am Boden

Amseln und andere Vögel scharren gern im Herbstlaub, das auf dem Boden liegt. Vom Rasen sollte man Laub entfernen, ebenso von Wegen und Stufen, die leicht rutschig werden können. Lässt man aber unter Hecken und Sträuchern etwas Laub und abgeknickte Zweiglein liegen, hilft dies den Vögeln sehr. Bei kaltem Wetter gefriert der Boden hier besonders spät, darum finden die Vögel an diesen Stellen auch bei Frost noch Samen, Insekten und Larven.

BÄUME UND STRÄUCHER MIT BEEREN

Berberis thunbergii (Berberitze)
Cotoneaster horizontalis (Kriechmispel)
Crataegus monogyna (Weißdorn)
Daphne tangutica (Seidelbast)
Ilex aquifolium (Stechpalme)
Ligustrum lucidum (Liguster)
Rosa glauca (Wildrose)
Sorbus hupehensis (Eberesche)
Symphoricarpos albus (Schneebeere)
Viburnum opulus (Schneeball)

Mit Futterstellen kann man viele Vögel in den Garten einladen. Das kostet wenig, bereitet aber großes Vergnügen.

1

Eine einfache Futterstelle lässt sich aus einem Holzbrettchen und vier dünnen Schnüren bauen. Dünne Leisten an den Rändern verhindern, dass das Futter vom Wind herabgeweht wird.

2

Das Brett wird an einem Platz aufgehängt, wo es vor Katzen sicher, aber für die Menschen gut zu sehen ist. Regelmäßig reinigen.

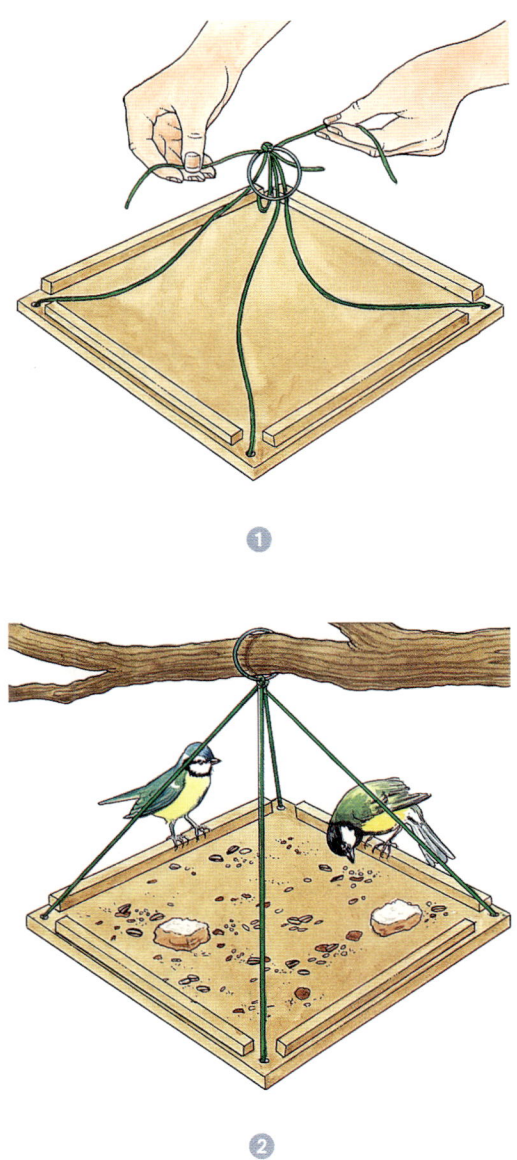

❶

❷

EINFACHER FUTTERPLATZ

Für ein einfaches Futtertablett reicht ein quadratisches Brettchen von etwa 25–30 cm Kantenlänge. Bohren Sie in jede Ecke ein Loch, und fädeln Sie eine dünne Schnur hindurch. Die Schnüre so an einen Ring knoten, dass das Brett waagerecht hängt. Der Ring dient zur Aufhängung in einem Baum. Damit das Futter nicht vom Tablett rutscht, sollte man an den Rändern schmale Leisten aufleimen. Wenn in den Ecken zwischen den Leisten Lücken frei bleiben, kann Regenwasser abfließen, und das Tablett lässt sich leichter reinigen.

ZIMMER FREI – NISTKÄSTEN, STRÄUCHER, KLETTERPFLANZEN

Vögel brauchen nicht nur Nahrung, um sich wohl zu fühlen, sondern auch geeignete Plätze, wo sie ausruhen und nisten können oder Schutz vor Wind und Wetter finden. Solche Plätze finden sie natürlich in Bäumen und Sträuchern, aber auch in Bauten aller Art. Allerdings suchen sich Vögel ihren Unterschlupf selbst, darum sollte man ihnen eine möglichst große Auswahl anbieten.

Die Kriterien, nach denen Vögel ihre Nistplätze aussuchen, sind recht unterschiedlich. Einige Faktoren sind aber immer von Bedeutung. Das Wichtigste ist Sicherheit. Vögel lieben einen Platz, an dem sie keine Angriffe befürchten müssen, und das bedeutet meist, dass der Platz im Verborgenen liegt. Versteckte Nistplätze sind meist auch gleichzeitig vor dem Wetter gut geschützt, aber das scheint für viele Vögel eine untergeordnete Rolle zu spielen.

Außerdem ist ein geeigneter Unterbau für das Nest erforderlich. Eine Verzweigung in der Hecke reicht oft schon aus. Die Zweige müssen dicht genug stehen, dass sich darauf ein Nest bauen lässt, aber nicht so dicht, dass der Zugang erschwert wird. In hohen Bäumen nisten nur große Vögel wie Elstern und Krähen.

Es ist kaum vorherzusagen, wo Vögel ihren Nistplatz einrichten, darum sollte man ihnen viele Möglichkeiten anbieten. Dichte Sträucher werden besser angenommen als solche mit lockerem Aufbau.

Trautes Heim

Auch Nistkästen sind vielen Vögeln willkommen. Alte, hohle Bäume werden vor allem in Städten immer öfter gefällt, weil sie ein Sicherheitsrisiko für Passanten darstellen können. Dadurch verringert sich die Anzahl der natürlichen Nistmöglichkeiten. Form und Aussehen des Nistkastens spielt für die Vögel keine Rolle – ihnen geht es um Wetterschutz und Sicherheit. Nur die Größe des Einfluglochs ist von Bedeutung. Generell bevorzugen Vögel Nistkästen, deren Öffnung gerade eben groß genug für ein erwachsenes Tier ist. Auch das Material ist für die Vögel unerheblich, wenngleich die meisten Gärtner gewiss eher Holz als Kunststoff wählen werden. Der Kasten sollte einen Boden von 15 cm Kantenlänge und eine Höhe von etwa 20 cm haben. In eine Wand wird ein rundes Loch von etwa 2,5 cm Durchmesser gesägt. Das Dach sollte leicht abgeschrägt und abnehmbar sein. Der Kasten wird mit Drähten so an einem Baumstamm befestigt, dass er auch bei heftigem Wind in seiner Position bleibt.

Nistkästen müssen so angebracht sein, dass Räuber sie nicht erreichen können. Pralle Sonne vertragen die Jungvögel schlecht, darum ist ein schattiger Platz günstiger. Außerdem sollte die Rückwand der vorherrschenden Windrichtung zugewandt sein, damit es nicht in die Kinderstube regnet.

Unterschlupf

Nicht nur die Nistplatzwahl der Vögel ist schwierig einzuschätzen, ebenso verhält es sich mit der Wahl der Ruheplätze. Auf der Suche nach einem Unterschlupf wählen die meisten Vögel einen gut versteckten Platz, der Schutz vor Wind und Regen bietet. Das Gefieder hält die Vögel zwar warm, doch die meisten ziehen sich bei unfreundlichem Wetter trotzdem gern in einen geschützten Winkel zurück. Wieder ist eine breit gefächerte Auswahl die beste Lösung. Hecken werden gern angenommen, ebenso Überstände von Gebäuden, sofern dort eine Sitzgelegenheit vorhanden ist, und Regenrinnen.

Kletterpflanzen sind bei vielen Vögeln beliebt, weil sie am Haus oft gut geschützt sind und die Mauer meist Wärme abstrahlt. Außerdem herrscht hier keine nennenswerte Bedrohung durch Räuber.

Rechte Seite: Es ist faszinierend, Nistkästen zu beobachten, wenn sie bewohnt sind. Sie müssen an einem Platz aufgehängt werden, wo die Vögel ungestört sind.

WILDBLUMEN

Bei der Gestaltung eines Gartens lohnt sich die Überlegung, neben konventionellen Blumenbeeten auch etwas Platz für einheimische Wildblumen zu reservieren. Sie blühen zwar nicht so prächtig wie die Zuchtsorten, haben aber ihre ganz eigene Schönheit. Außerdem ziehen sie nützliche Insekten und Schmetterlinge an, von denen der Garten – und somit auch der Gärtner – profitiert.

Besonders natürlich wirken Wildblumen auf einer Wiese. Das ist in einem kleinen Garten aber schwer zu verwirklichen. Eine denkbare Alternative wäre die Anlage eines Wildblumenbeets. Wenn Sie Ihren Rasen nicht wirklich nutzen, könnte man ihn auch ganz oder teilweise in eine Blumenwiese verwandeln.

Eine Wiese anlegen

Gänzlich ungeeignet für eine Wiese sind nur die zähen Grasarten, die den Blumen zu starke Konkurrenz machen. Ein Rasen dagegen ist durchaus eine gute Ausgangsbasis, weil Rasengräser meist eher fein sind und für die Wildblumen einen guten Hintergrund bilden. Es ist aber schwierig, Wildblumen in einem Rasen auszusäen. Darum sollte man sie in Töpfen vorziehen und später in größeren Gruppen auspflanzen. Einmal etabliert, vermehren sie sich schon im Folgejahr von selbst.

Wenn Sie eine leere Gartenfläche zur Wiese machen wollen, entfernen Sie zuerst alle wuchernden Unkräuter wie Giersch und Quecke. Dann säen Sie eine Mischung aus Rasen- und Wildblumensamen aus. Man könnte auch zuerst Rasen säen und später Wildblumen pflanzen.

Eine Wiese wird nur zweimal im Jahr gemäht: im Sommer, nachdem die Blumen Samen gebildet haben, und im Herbst wegen der Optik.

Ecken und Winkel

In den meisten Gärten findet man seltsame Ecken und Winkel, die sich schlecht in die Gesamtanlage integrieren lassen. Diese bieten sich für Wildblumen geradezu an. In der Natur wachsen viele Pflanzen unter Sträuchern – so könnte auch der Bereich unter einer Hecke zum Refugium für Wildblumen werden. Hier fühlen sich vor allem Arten wohl, die an Waldrändern und in lichten Wäldern gedeihen.

Selbst wer den Wildblumen kein ganzes Beet überlassen möchte, könnte einige Arten in einem konventionellen Blumenbeet integrieren. Viele einheimische Pflanzen sind so dekorativ, dass sie einen Platz im Blumenbeet verdient haben. Letztlich sind ja viele unserer Zierpflanzen durch Züchtungen aus diesen Wildformen entstanden, und so scheint es nur recht und billig, auch den Vorfahren ihr Recht zu gewähren.

Wo bekommt man Wildblumen?

Graben Sie keine Wildblumen in der Natur aus. Die meisten Arten müssen um ihr Überleben kämpfen, und viele stehen bereits unter Naturschutz. Immer mehr Gärtnereien bieten Jungpflanzen von einheimischen Wildarten an, einige haben sich sogar auf diese Pflanzen spezialisiert. Wildblumensamen sind in Gartencentern und im Versandhandel problemlos zu bekommen, z.T. farblich sortiert. Beziehen Sie die Kinder in die Aussaat ein, und beobachten Sie das Wachstum mit ihnen gemeinsam, um in ihnen die Begeisterung für die Natur zu wecken.

Bevorzugen Sie Wildblumen, die in Ihrer Gegend natürlich vorkommen. Widerstehen Sie der Versuchung, exotische oder seltene Arten in den Garten einzuführen. Manche Arten sind selten, weil sie spezielle Standortbedingungen brauchen. Sie werden mehr Erfolg haben, wenn Sie im Samenfachhandel eine spezielle Mischung bestellen, die auf Ihre Boden- und Klimaverhältnisse abgestimmt ist.

So eine bunte Mischung ein-
heimischer Wildblumen gibt
auch dem kleinsten Garten
ländlichen Charme.

BIENEN UND SCHMETTERLINGE

Viele Menschen freuen sich zwar über Schmetterlinge, finden Nachtfalter aber abstoßend oder fürchten sich vor Bienen – vielleicht weil sie diese mit den ungeliebten Wespen verwechseln.

EIN BIENENSTOCK

Die Haltung von Bienen ist faszinierend und grundsätzlich von großem Nutzen für die umliegenden Gärten. Bienen erledigen die Bestäubung von Obstbäumen und -sträuchern, aber auch von vielen Zierpflanzen. Zwar ist selbst ein kleiner Garten groß genug für einen Bienenstock, aber nicht jeder mag ihn in seinem eigenen Garten haben. Auf engem Raum ist es schwierig, den Bienen auszuweichen. Sofern nicht alle Familienmitglieder und auch die unmittelbaren Nachbarn einverstanden sind, sollten Sie die Idee verwerfen.

Der Bienenkorb wird idealerweise am Ende des Gartens so aufgestellt, dass die Hauptflugrichtung durch Ihren eigenen Garten verläuft – nicht durch den des Nachbarn. Stehen in der Nähe Sträucher, müssen die Bienen zunächst in die Höhe fliegen. Wenn sie dann Ihren Garten verlassen, wird kaum jemandem auffallen, dass es ein ganzes Volk ist.

PFLANZEN FÜR BIENEN UND SCHMETTERLINGE

Ageratum houstonianum (Leberbalsam)
Aster novae-angliae (Aster)
Buddleja davidii (Schmetterlingsflieder)
Hedera helix (Efeu)
Lavandula angustifolia (Lavendel)
Limnanthes douglasii (Sumpfblume)
Mentha spicata (Minze)
Nepeta x faassenii (Katzenminze)
Sedum telephium (Purpur-Fetthenne)
Thymus serpyllum (Kriechthymian)

Schmetterlinge

Es ist kein Wunder, dass viele Menschen an Schmetterlingen ihre Freude haben. Gerade in einem kleinen Garten ist die Beobachtung der bunten Falter, die eine perfekte Ergänzung zu den Blüten bilden, ein besonderes Vergnügen. Schmetterlinge sind zauberhaft, und ihr gaukelnder Flug hat nichts Bedrohliches. Nachtfalter sind ähnlich interessant, allerdings ist ihre eher direkte Annäherung vielen Menschen unheimlich. Man kann schon erschrecken, wenn man in der Dämmerung von einem Falter gestreift wird. Wer den Schrecken jedoch überwindet und genauer hinsieht, wird entdecken, dass die Vielfalt der Nachtfalter noch weit größer und faszinierender ist als die der bunten Tagfalter.

Wer Schmetterlinge einladen will, muss ihre Lieblingspflanzen vorweisen können. Viele der prächtig bunten, modernen Züchtungen sind steril und darum für Insekten nicht gerade verlockend. Anders verhält es sich mit altmodischen Pflanzen, die reichlich Nektar enthalten und viele Tiere anziehen. Ideal ist eine Mischung aus Arten, die zu unterschiedlichen Jahreszeiten blühen und am besten an einen sonnigen, warmen Platz gepflanzt werden.

In feuchten und kühlen Sommern kommen Schmetterlingsfreunde nicht auf ihre Kosten. Die einzige Lösung für dieses Problem ist, einige Pflanzen zu kultivieren, auf denen die Schmetterlinge ihre Eier ablegen. So sorgen Sie für den Erhalt der Schmetterlingspopulation im Garten. Allerdings betrachten die meisten Gärtner diese Pflanzen als Unkraut und sind nicht bereit, ihnen von dem ohnehin knappen Platz noch etwas zu überlassen. Auf Brennnesseln beispielsweise legt das wunderschöne Pfauenauge seine Eier ab. Wenn Sie sich überwinden können, in einer unauffälligen Ecke hinter dem Schuppen einige Brennnesseln wachsen zu lassen, leisten Sie einen beträchtlichen Beitrag für den Naturschutz.

Bienen

Obwohl die meisten Menschen das sanfte Hintergrundsummen von Bienen angenehm finden, fürchten sich viele, wenn ihnen die Insekten zu nahe kommen. Dabei sind Bienen völlig ungefährlich, sofern sie nicht bedroht oder angegriffen werden. Die meisten Gärtner gehen davon aus, dass man zur Haltung von Bienen einen großen Garten mit zahllosen Nektarpflanzen braucht. Tatsächlich aber stehen viele Bienenkörbe in vergleichsweise kleinen Gärten und sogar in Dachgärten mitten in der Stadt. Ob Sie selbst imkern wollen, sollten Sie unbedingt mit Ihrem Umfeld abstimmen. Wenn die Nachbarskinder ängstlich auf Bienen reagieren, ist es vernünftiger, das Projekt zu verschieben.

Auch wenn Sie selbst keine Bienen halten wollen, sollten Sie einige Bienenweidepflanzen zum Anlocken dieser Nützlinge im Garten haben. Für die Bestäubung Ihrer Pflanzen sind die summenden Besucher von unschätzbarem Wert. Schmetterlinge sind in Bezug auf ihre Weidepflanzen wählerischer, doch auch Bienen bevorzugen im Allgemeinen die altmodischen, nektarreichen Arten. Oft sind gerade die Pflanzen mit unscheinbareren Blüten besonders beliebt. Im Kräutergarten beispielsweise wimmelt es oft geradezu von Bienen, dabei sind die Blüten der meisten Küchenkräuter nicht sonderlich spektakulär.

Das Summen der Bienen an
einem warmen Sommertag
strahlt eine Gemächlichkeit aus,
bei der man sich in einen Garten auf dem Land versetzt fühlt.

EIN PLATZ ZUM TRINKEN

Vögel und andere Tiere brauchen außer Nahrung auch Wasser, das für sie leicht erreichbar ist. Viele Vögel, besonders Amseln, nehmen auch gerne einmal ein erfrischendes Bad. Ein Behältnis mit Wasser stellt darum eine überzeugende Einladung an verschiedene Tierarten dar.

Füllt man einen neuen Teich mit frischem Wasser, dauert es manchmal nur einige Minuten, bis sich die ersten Tiere dort einfinden. Einige erscheinen nur zum Trinken, andere leben darin. Es lässt sich manchmal kaum feststellen, woher sie so schnell kommen. Da huschen Wasserläufer über die Oberfläche, Molche, Frösche und Wasserschnecken schwimmen in der Tiefe. Manchmal fliegen Enten ein, ab und zu kommt auch ein Reiher auf der Suche nach Fischen vorbei – meist in der Morgendämmerung, wenn die Menschen noch nicht aktiv sind. Bald erscheinen auch Libellen auf und legen ihre Eier.

Manchmal sind plötzlich Fische da, die man nicht selbst eingesetzt hat. Niemand weiß genau, wie das geschieht. Man vermutet, dass Enten den Laich an den Füßen oder im Gefieder mitbringen. Generell wird man Fische aber einsetzen müssen, wenn man sie halten möchte. Nicht alle Gärtner lieben Fische im Gartenteich, weil sie viele andere Teichlebewesen oder deren Eier und Larven fressen und so das Leben im Teich dezimieren. Wer sich für Fische entscheidet, sollte geschützte Arten bevorzugen. Das gilt besonders für einen Naturteich, in dem Goldfische oder gar Koi deplatziert aussehen könnten.

In kalten Wintern kann das Wasser gefrieren, es steht zum Trinken dann nicht zur Verfügung. Die geschlossene Eisdecke hat auch auf das Leben unter Wasser ungünstige Auswirkungen, und zwar nicht wegen der Kälte, sondern wegen des Sauerstoffmangels. Es bilden sich giftige Faulgase, die sich unter der Eisschicht stauen. Das Eis auf einem Teich darf man nicht zerschlagen, weil die Erschütterung Fische und andere Tiere in der Winterruhe töten könnte. Besser ist es, hin und wieder eine Schale mit heißem Wasser auf das Eis zu stellen, um es vorsichtig zu schmelzen. Praktisch ist auch ein Eisfreihalter, der das Zufrieren eines Teils der Wasseroberfläche verhindert. Aus Vogeltränken und Vogelbädern muss das Eis regelmäßig entfernt werden, danach wird frisches Wasser eingefüllt.

Vögel

Vögel trinken aus Teichen, aber weil sie nur wenig Wasser brauchen, reicht auch eine kleine Vogeltränke aus. Solche kleinen Wassermengen verschmutzen schnell und verdunsten an heißen Tagen, darum muss das Wasser oft gewechselt oder nachgefüllt werden. Eine Vogeltränke sollte so aufgestellt sein, dass man die Vögel gut beobachten kann. Außerdem sollte ringsum keine Deckung für Katzen oder Füchse vorhanden sein.

Tiefe Teiche mit steilen Ufern haben für Vögel wenig Nutzen, weil sie das Wasser nicht gefahrlos erreichen können. Flach abfallende Ufer – zumindest an einer Seite – gewähren ihnen besseren Zugang. Eine Alternative ist ein tragfähiges Stück Holz, das auf dem Wasser schwimmt und auf dem sie landen können.

Andere Tiere

Viele Tiere kommen zum Trinken an den Teich und brauchen daher einen bequemen und sicheren Zugang. Sind die Ufer sehr steil, lassen Sie einen Ast oder ein Brett vom Ufer aus auf das Wasser ragen. So erreichen die Tiere das Wasser problemlos und können auch, wenn sie einmal hineinfallen, hier wieder an Land klettern. Am besten ist aber eine flach abfallende Stelle am Ufer.

UFERPFLANZEN

Astilbe x *arendsii* (Prachtspiere)
Caltha palustris (Sumpfdotterblume)
Hosta crispula (Funkie)
Houttuynia cordata (Eidechsenschwanz)
Iris laevigata (Schwertlilie)
Lobelia 'Queen Victoria' (Lobelie)
Mimulus luteus (Gauklerblume)
Myosotis scorpioides (Sumpf-Vergissmeinnicht)
Primula japonica (Schlüsselblume)
Ranunculus lingua (Hahnenfuß)

Eine Vogeltränke ist für die Vögel nicht nur ein willkommener Platz zum Trinken und Baden, sie ist zugleich eine attraktive Gartendekoration.

1

Ein flaches, in den Rasen eingegrabenes Becken mit Steinen ist für Vögel hervorragend zum Trinken und Baden geeignet.

EINFACHE VOGELTRÄNKE

Vögel und andere Tiere stellen an das Aussehen ihrer Wasserstelle keine großen Ansprüche, ihnen geht es nur um das Wasser. Darum kann man eine Vogeltränke mit einfachsten Mitteln herstellen. Ein alter Mülltonnendeckel beispielsweise, der leicht in den Rasen eingelassen und mit Wasser gefüllt ist, reicht als Trink- und Badeplatz vollkommen aus. So ein Deckel hat den Vorteil, dass er nicht tief ist und die Seiten sanft abfallen. Die Vogeltränke sollte regelmäßig — im Idealfall einmal täglich — gereinigt und neu gefüllt werden, damit sich im Schmutzwasser keine Parasiten ansiedeln.

EDIFICE/Cole 58/Darley 113 rechts/Lewis 105, 119

ELIZABETH WHITING ASSOCIATES 14, 20, 25, 42, 85, 91, 102, 108

GARDEN EXPOSURES/Andrea Jones 24, 46 oben, 59, 70, 95/Derek Harris 46 unten

GARDEN PICTURE LIBRARY/Christi Carter 99 rechts/Eric Crichton 10/John Glover
26, 45, 55, 57/Lamontagne 79/Howard Rice 78/Ros Wickham 84/Steven Wooster 12

JOHN GLOVER 87, 99 links/Design: Alan Titchmarsh 111 links/Design: Julie Toll
121/Design:Jonathan Baillie 107

OCTOPUS PUBLISHING GROUP LTD/James Merrell 74/Gareth Sambridge 1/
Mark Winwood 4, 6 links, 6 rechts, 8, 12, 16, 18, 22, 31, 33 links, 34, 35, 38 links,
41 rechts, 41 Top Links, 61, 63, 64, 67 links, 68, 69, 73, 76, 77, 81, 83, 88, 89, 92 links,
92 rechts, 96, 97 unten, 111 oben rechts, 114, 117, 123, 125/Hilary Moore 86.

ROBERT HARDING PICTURE LIBRARY/L. Bond 113 unten Links.

HARPUR GARDEN LIBRARY/Jerry Harpur 10/Design: Simon Fraser 18/
Jerry Harpur/Design:Sonny Garcia, San Francisco 20/Marcus Harper/Design:
Michael Balston for Daily Telegraph 39 rechts/Marcus Harper/Design: Jonathan
Baillie 48/Design:Barbara Thomas 51/Jerry Harpur 52

ANDREW LAWSON 62, 113 oben links/Margot Knox 28

CLIVE NICHOLS PHOTOGRAPHY/Design:Joan Murdy 16/Designer: Ann Frith 27/
Robin Green/Ralph Cade 33 rechts/The Nichols Garden, Reading 97 oben, 111
unten rechts

MICHAEL PAUL 22

DEREK ST ROMAINE/Christopher Costin, Hampton Court 1995 41 unten links

MARK WINWOOD 6 Mitte, 14, 36